Saison
La revue des séries

2022 – 1, n° 3

Saison

La revue des séries

PARIS
CLASSIQUES GARNIER
2022

DIRECTEUR DE LA PUBLICATION

Claude BLUM

RÉDACTEUR EN CHEF

Emmanuel TAÏEB

RÉDACTEUR EN CHEF ADJOINT

Ioanis DEROIDE

COMITÉ DE RÉDACTION

Charlotte BLUM, Marjolaine BOUTET, Nicolas CHARLES, Claire CORNILLON, Olivier COTTE, Ioanis DEROIDE, Benjamin FAU, Antoine FAURE, Pierre JACQUET, Emmanuelle JAY, Damien LEBLANC, Emma SCALI, Gilles VERVISCH

RESPONSABLE DE LA RUBRIQUE LIVRES

Nicolas CHARLES

GANG DES PARRAINS ET MARRAINES

Éric BENZEKRI, Benjamin FOGEL, François JOST, Valérie LAVALLE, Frédéric LAVIGNE, Charline de LÉPINE, Pacôme THIELLEMENT

SECRÉTAIRE D'ÉDITION

Félix LEMIEUX

CONTACT

emmanuel.taieb@sciencespo-lyon.fr
Classiques Garnier
Saison. La revue des séries
6 rue de la Sorbonne
75005 Paris

ISBN 978-2-406-13298-1
ISSN 2780-7673

SOMMAIRE

ARTICLES

SÉRIES-THÉRAPIE

RUBRIQUES LIVRES

ARTICLES

ÉDITORIAL

Pour une Sériethèque française

En matière de séries, les générations qui ont connu la télévision française avec trois chaînes hertziennes seulement ont, par effet de rareté,
partagé réellement une expérience spectatorielle. Quelle que soit leur
qualité, *Starsky et Hutch*, *La croisière s'amuse*, ou *Shérif, fais-moi peur*, ont
été des séries « communes », au sens d'une présence et d'une diffusion
rapide dans la culture populaire. Au point d'ailleurs que longtemps
la mention du genre séries renvoyait à ce type de productions « grand
public » jugées sans intérêt par les tenants d'une cinéphilie où la télévision
était vouée aux gémonies. Il est clair que le lien initial des programmes
français avec ce style de séries – sans parler de leur diffusion dans le
désordre le plus complet – porte une responsabilité majeure dans le long
divorce entre la critique et les séries. Alors même que l'offre sérielle s'est
étoffée rapidement, d'une part avec Temps-X sur TF1 qui, dès 1979, a
exploré le fantastique et la science-fiction[1], et d'autre part avec l'arrivée
de La Cinq qui a rempli ses programmes de séries (*Star Trek, K2000*).
Clairement, à l'aube des années 1990, l'offre de séries sur les chaînes
françaises est pléthorique, mais elle reste de l'ordre du « consommable »,
sans mémoire, et déjà moins partagée qu'auparavant, car le nombre de
chaînes se multiplie. Avec le câble, et en particulier avec Canal Jimmy
lancée fin 1990, la possibilité d'un visionnage de niche (les spin-offs
de *Star Trek*), mais aussi de séries américaines emblématiques s'impose
(*Dream On, Friends, New York Police Blues*). Alors qu'en parallèle, au
début des années 2000, TF1 remplace l'inusable film du dimanche soir
par *Les Experts*, avec des audiences importantes, qui joueront beaucoup
dans la légitimation du genre.

---

[1] On verra l'entretien en trois parties réalisé par Ioanis Deroide, « Les premiers passeurs de la "culture séries" », Saison.media, 2021, avec Jacques Baudou, Alain
Carrazé, Christophe Petit et Martin Winckler. https://www.saison.media/2022/01/03/
les-premiers-passeurs-de-la-culture-series-1-3/.

Aujourd'hui, l'explosion des plateformes de diffusion et des chaînes payantes (qui ringardisent au passage la redevance) produit des effets radicaux sur ce qui est « commun » aux spectateurs. Les propositions sont tellement nombreuses, renouvelées en permanence, qu'il apparaît clairement que les séries regardées ne sont plus du tout les mêmes d'un individu ou d'un groupe à l'autre. Le temps des chaînes hertziennes qui permettaient du partage paraît bien loin, et le marché des séries est tel qu'il existe même des applications pour s'y retrouver. Non seulement il y a profusion de séries, mais en plus l'offre s'avère parfois éphémère. Netflix, par exemple, sort des séries de son catalogue sans que les abonnés soient toujours au fait des questions de droits qui y président. *Mad Men* a ainsi quitté Netflix pour être reprise par Prime Video, tandis que *Vikings* s'est arrêté sur Prime en décembre 2021, mais continue d'être visible sur MyCanal et sur Netflix.

De notre point de vue, ce paysage des séries produit deux effets notables. Premièrement, il met en partie à mal l'idée – que nous défendons – d'une démocratisation des idées et des savoirs, voire d'une édification au monde, par les séries. Car si l'offre est bien démocratisée, quoique souvent payante, l'irréductibilité de ce qui est regardé par les uns et les autres affaiblit l'idée d'une culture commune des séries. C'est la forme sérielle qui irrigue la culture populaire, mais chaque œuvre y occupe une place différente, et le partage n'est plus si évident. N'importe quel sondage informel, dans un lieu de sociabilité ou dans un amphi empli d'étudiants, montre que les séries sont vues en fonction de diverses variables sociales, d'âge, de sexe, etc., et qu'une série considérée comme importante ou en tout cas « connue », comme *The Wire* ou *House of Cards*, a pu ne jamais atteindre certains publics. Deuxièmement, eu égard aux modes de diffusion actuel, les séries ont une date limite de consommation. Alors que chaque saison, voire chaque épisode, de *Game of Thrones* suscitaient une attente hors norme, depuis la fin de la série en 2019, elle est moins évoquée et sans doute n'a-t-elle pas été vue par la génération qui n'était pas contemporaine de sa diffusion ; bien qu'elle soit toujours intégralement visible sur OCS. Si les *Soprano* (1999-2007) a été considérée, ave *Oz*, comme la série matricielle du modèle HBO et du nouvel âge d'or des séries, le film qui en est issu, *Many Saints of Newark*, scénarisé par le *showrunner* de la série David Chase, n'est resté en salle en France que deux semaines en novembre 2021 et n'a touché que 26000 spectateurs[2]. Ce même *prequel*, où le propre fils de l'acteur James Gandolfini reprend le rôle de son père jeune, aurait-il eu un succès plus marqué s'il avait été décliné en une mini-série ?

En écho au précédent numéro de *Saison* sur la fin des séries, il faut soulever ici le problème de l'écho d'une série après que sa première diffusion s'est achevée. Son effet est-il nécessairement prisonnier d'un « ici et maintenant », comme peuvent l'être un match de football ou un débat politique ? Il nous semble que le visionnage des séries étant découplé du medium télévision, car on peut les regarder sur n'importe quel écran, elles n'ont pas être réduites à leur visionnage en direct ou en « US+24 ». Comme le cinéma et comme tous les autres arts, les séries appellent une continuité dans le temps, qui est la condition de leur véritable démocratisation. Pas seulement une disponibilité, mais une « présence », assurée à la fois par des passeurs, par des festivals[3], par des revues et des institutions. Présence qui acte le fait sériel, ancien et nouveau, son langage cinématographique, et l'économie des images et de la narration, au-delà d'une seule série donnée. Présence qui affirme qu'une série survit à sa diffusion, à son insuccès comme à sa popularité, qu'elle est bien « là », en un lieu plus qu'en un temps de l'immédiateté, et qui en fait un objet artistique.

Pour s'y retrouver dans la jungle des productions sérielles, pour les commenter et les analyser, pour en faire l'histoire et l'esthétique, il faudrait monter une Sériethèque française, un Conservatoire des séries. En décembre 2021, la Cinémathèque française a accueilli Netflix, mais pour un film (*Dont Look Up*), pas pour une série. L'espace institutionnel et intellectuel est donc libre pour accueillir la mémoire des séries, sans les muséifier et au contraire en les revivifiant, pour les accompagner après la fin de leur diffusion originelle, pour les montrer quand elles ne sont plus disponibles nulle part, et surtout pour en parler encore et encore. Le 8e art attend son écrin.

Emmanuel TAÏEB

2   Aux États-Unis, avec une sortie simultanée sur HBO Max et en salles, il réalise 8 millions de dollars au box-office. Source : Allociné, https://www.allocine.fr/film/fichefilm-263227/box-office/.

3   Il y en a désormais au moins quatre en France, dont le pionnier et le plus important, Séries Mania.

ICI TOUT COMMENCE, UN ROMAN D'ÉDUCATION MORALE COLLECTIVE

Le 2 novembre 2020, TF1 lançait le premier épisode de sa nouvelle série quotidienne, *Ici tout commence (ITC)*. *Spin-off* de l'autre série quotidienne de la chaîne, *Demain nous appartient (DNA)*, elle se déroule quasi exclusivement dans une prestigieuse école de cuisine, l'Institut Auguste Armand, et suit les péripéties des trois promotions d'élèves ainsi que les aventures des membres de son équipe (directions successives, enseignants, responsable de la communication, proviseur et proviseur-adjoint et même infirmière, professeur de sport et gardiennes). Les deux séries se succèdent dans la case du 18-20 heures, avec *ITC* à 18h30 et *DNA* à 19h15, et connaissent des audiences comparables et records (3,7 millions pour *ITC* en moyenne)[1]. Si les trois premières chaînes ont donc désormais des séries quotidiennes (*Plus belle la vie*, la plus ancienne lancée en 2004 sur France 3 à 20h00, *Un si grand soleil* sur France 2 à 20h40), celles-ci ne sont pas concurrentes et un téléspectateur motivé peut même suivre les quatre et contourner ainsi les JT.

Formellement, les séries de TF1 et de France 2 se ressemblent : (beaux) décors aussi bien naturels (Sète, la Camargue, Montpellier) qu'intérieurs (l'Institut situé dans un château entouré d'un grand parc, les lieux d'enseignement, les appartements et les bureaux des enseignants et de l'administration pour *ITC*), qualité de la réalisation, de l'image et de la direction d'acteurs, comédiens connus par d'autres séries ou téléfilms, débutants bien choisis, chanson du générique par un interprète connu (Gims pour *ITC*) etc.[2] Et comme

---

1   Le directeur des antennes du groupe TF1, Xavier Gandon, s'est félicité que sur cette case horaire, la chaîne n'avait pas enregistré de telles audiences depuis la Star Academy (qui proposait une quotidienne qui suivait les élèves du concours). https://www.ozap.com/actu/-ici-tout-commence-nouveau-record-historique-pour-le-feuilleton-de-clement-remiens-sur-tf1/606444

2   *NRJ* 12 a lancé elle aussi, à la rentrée, une série quotidienne, *Influences*, sur groupe de jeunes influenceurs, qui a eu une audience catastrophique (équipe partiellement inexpérimentée,

Plus belle la vie[3], elles abordent des sujets de société. On est loin des productions à succès un peu « cheap » des années 1990 (*Hélène et les garçons, Classe mannequin*[4]…), nées de l'obligation créée par le « Décret Tasca[5] » de diffuser des œuvres européennes aux heures de grande écoute.

ITC se distingue néanmoins des trois autres séries quotidiennes par son cadre : une école de cuisine, lieu bien choisi, puisque que les concours culinaires télévisés, à l'image de *Top Chef*, connaissent des succès d'audience. Mais aussi sans doute parce qu'elle fait écho chez le spectateur à l'École des sorciers de Poudlard, et notamment à ses cours de potions. Par ce cadre sont quasi exclues les intrigues policières classiques (meurtres, prise d'otages) et les lieux d'élection (commissariats ou gendarmeries) des trois autres séries quotidiennes, même si l'Institut Auguste Armand connaît des maîtres-chanteurs, des tentatives de sabotage de ses équipements ou des enlèvements (réservés au cadre familial)[6]. C'est donc plutôt dans le genre des *teen movies* ou des films de campus (*Harry Potter* compris, à nouveau) qu'elle s'inscrit. Mais c'est aussi par rapport à la web-série *Skam* qu'on peut la situer. Cette adaptation déclinée dans de nombreux pays d'une série norvégienne (*Skam* signifie la honte) est antérieure à *ITC*, puisqu'elle a été lancée en 2018. Centrée sur le quotidien de lycéens, elle aborde des sujets comparables mais aussi plus durs pour certains que ceux d'*ITC* (harcèlement, *coming out*, bipolarité, déni de grossesse, précarité,

---

petit budget, comédiens inconnus). Elle est aujourd'hui diffusée le samedi matin. https://www.leparisien.fr/culture-loisirs/series/la-serie-influences-de-nrj-12-deja-deprogrammee-08-10-2021-IOPYXHPYIZGWNK6XL355SPQYKM.php

3   Si la distribution de *PBLV* comportait quelques acteurs déjà connus lors de leur première apparition dans la série, elle a surtout contribué à en lancer (comme les actrices Laëtitia Milot, Fabienne Carat, Blandine Bellavoir, Dounia Coesens, Sarah Mortensen, par exemple que l'on retrouve aujourd'hui dans d'autres téléfilms ou séries, notamment mais pas exclusivement sur les chaînes de France TV). On pourrait d'ailleurs s'intéresser à la manière dont ces séries constituent à la fois des lieux de formation de comédiens débutants grâce au rythme très soutenu des tournages, des bassins d'emploi et des tremplins.

4   Éric Fuhrer, l'un des auteurs de *ITC*, a néanmoins travaillé sur *Classe mannequin* ainsi que sur *Maguy* et *Plus belle la vie*.

5   Décret 90-66 du 10 janvier 1990, du nom de la ministre déléguée chargée de la Communication, Catherine Tasca.

6   Au début de la saison 2 (que nous n'analyserons pas ici), un homicide « ayant entraîné la mort sans intention de la donner » est commis sur un professeur invité pour une masterclass qui s'est révélé être un harceleur.

VIH...). À petit budget, écrite par de jeunes scénaristes, tournée au lycée Dorian (11ᵉ arrondissement)[7] et en studio en région parisienne[8], elle n'est accessible qu'en streaming sur la plateforme France.tv/Slash mais connaît à la fois un succès critique et public chez les ados et les jeunes adultes.

Parce qu'elle prend place dans une école très sélective et concurrentielle et parce que l'institut est dirigé par son fondateur Auguste Armand (Francis Huster), dont la succession n'a pas été réglée alors qu'il se sait condamné par une grave maladie cardiaque, *ITC* place la quasi-totalité de ses membres devant des dilemmes moraux. Après avoir présenté la manière dont la série joue sur les effets de réel, ainsi que la composition sociale des promotions qui fait à la fois partie de ces effets et rompt avec certaines pratiques des castings, je m'intéresserai tout particulièrement aux épreuves qu'affrontent les élèves et qui ont trait à la sexualité, au harcèlement sexuel ou moral, et en général au consentement. C'est la résolution des épreuves qui fait d'*ITC*, bien qu'il s'agisse d'une série très grand public, un outil d'«éducation», pour reprendre les termes de la philosophe Sandra Laugier. J'adopterai donc ici «la tâche» qu'elle préconise pour «la critique» : «mettre en évidence, dans la lecture de l'expression morale constituée par les séries, les choix collectifs et individuels, les négociations, conflits et accords qui sont à la base de la représentation morale : bifurcations des itinéraires des personnages de fiction, tournants de la narration, tournants dans les scénarios[9] ».

L'ILLUSION DU RÉEL

Si *ITC* a «pris», c'est sans doute tout d'abord parce qu'elle se veut (dans la logique de *Skam*) plus réaliste que les autres quotidiennes (où abondent les intrigues policières). La série commence par le concours

---

7 https://www.ouest-france.fr/medias/television/series/skam-france-les-meilleures-anecdotes-a-connaitre-sur-la-serie-7046859
8 https://tetu.com/2019/01/19/exclu-les-acteurs-de-skam-france-saison-3-racontent-la-romance-gay-entre-elliot-et-lucas/
9 Sandra Laugier, *Nos vies en séries*, Paris, Climats, 2019.

d'entrée en première année. Diffusée du lundi au vendredi, elle est calée sur le rythme scolaire – on ne voit jamais les étudiants pendant le week-end et chaque épisode correspond à un des cinq jours de la semaine d'enseignement. La saison 1 a commencé avec le concours d'entrée des futures premières années et s'est achevée à la fin des stages d'été de l'ensemble des promotions puisque la diffusion d'*ITC*, comme celle des autres quotidiennes, ne s'interrompt pas pendant les mois de vacances. Si le lancement en novembre de la saison 1 avait, de fait, « triché » avec ce calendrier, la saison 2 a débuté le 30 août 2021, l'illusion est donc presque parfaite pour les lycéens qui regarderaient la série. Mais comme dans une série classique, *ITC* est également construite autour d'« intrigues » (ou « arches narratives ») qui se déroulent sur une quinzaine d'épisodes, focalisées sur une partie seulement des personnages[10].

La série se déroule essentiellement au sein de l'Institut (situé dans le Château de Calvières et son parc) : la quasi-totalité des élèves à l'exception de celles qui vivent dans les marais-salants proches (Célia Gaissac et les deux sœurs Ludivine et Louane Rivière), sont pensionnaires, l'équipe enseignante et administrative y est logée ou vit à proximité. Le bien réel institut Paul-Bocuse, fondé par le célèbre cuisinier en 1990, situé à Écully, commune de la métropole lyonnaise, est installé dans un parc de sept hectares avec un château et une « résidence hôtelière étudiante ». Comme celui-ci, l'institut Auguste Armand a son site internet[11] qui mime un site commercial et propose des recettes élaborées en partenariat avec *Marmiton*. Depuis juillet, dans le village (Saint-Laurent d'Aigouze) qui accueille le tournage s'est ouverte une boutique d'objets dérivés[12] – il s'agit sans doute de procurer des revenus à la municipalité dont les habitants se sont parfois plaints du désordre entraîné par le tournage de la série. Comme dans un vrai cursus[13], les élèves suivent des cours de cuisine et de pâtisserie, et parce que l'école comporte un « restaurant d'application » gastronomique, « Le double A » (comme

---

10   La logique est aussi économico-pratique. Avec trois plateaux différents par jour, il est impossible de faire travailler tous les personnages. Il est de plus vraisemblable que la plus ou moins grande popularité des différents protagonistes sur les réseaux sociaux orientent l'écriture des nouvelles intrigues.

11   https://www.institutaugustearmand.com/

12   https://ici-tout-commence.fr/ouverture-de-la-boutique-ici-tout-commence/

13   Voir par exemple ceux de la prestigieuse École Ferrandi, ou encore de l'Institut Paul Bocuse.

Auguste Armand), ils confectionnent des repas, apprennent le dressage des tables et le service en salle, sous la houlette de leurs professeurs ou des élèves en fin de cursus. Les restaurants d'application font, en effet, partie intégrante des formations — on en trouve également dans les lycées professionnels —, l'institut Paul Bocuse, à nouveau, a même reçu une étoile Michelin, pour le sien, « Saisons ». L'illusion repose aussi sur ce qui est montré pendant les cours, dans les moments où les élèves s'entraînent ou bien encore tournent des vidéos pour la communication de l'institut : les acteurs ont appris des gestes techniques, des vrais cuisiniers et pâtissiers fabriquent une partie des plats servis – la référence fréquemment évoquée dans la presse télé est la série *Grey's Anatomy* dont les comédiens ont acquis des gestes médicaux. Enfin la plupart des personnages principaux, comme des personnes réelles, ont leur compte Twitter – et les principaux acteurs un compte Instagram. En revanche, aucun autre enseignement (gestion, anglais, management etc.), nécessaire à la formation des professionnels du secteur et présent dans les cursus, n'est dispensé (aucun n'est montré et ne fait même l'objet d'allusions) dans *ITC*. Ici le réalisme cède devant les impératifs de la fiction : un cours technique de pâtisserie est plus photogénique qu'un cours de comptabilité …

Ce réalisme (partiel, on va y revenir) tranche sur nombre de séries qui ont récemment mis en scène des enseignants[14] (*Sam* sur TF1, *L'école de la vie* sur France 2, *La faute à Rousseau*, également sur France 2, toutes les trois adaptées de séries étrangères), avant tout centrées sur les problèmes sociaux que connaissent leurs élèves et sur les aventures sentimentales de leurs protagonistes, et où les pratiques pédagogiques et le contenu des propos des professeurs sont pour le moins déconnectés de la réalité[15].

L'expérience du spectateur qui ne regarde que le *spin-off* (c'était mon cas avant que l'écriture de cet article m'amène à visionner les épisodes de *DNA* qui précèdent le lancement d'*ITC*) est particulière, selon une

---

14   Dans les années 90, *L'instit* a mis en scène Victor Novak (Gérard Klein). Cette série aurait été imaginée à l'instigation de François Mitterrand qui, selon son producteur Pierre Grimblat, souhaitait créer une série « républicaine » pour contrer le FN. https://www.lemonde.fr/culture/article/2013/04/17/pierre-grimblat-je-ne-suis-pas-du-genre-a-dire-de-mon-temps-c-etait-mieux-et-pourtant-c-est-vrai_3154830_3246.html

15   Un soir de diffusion d'une série, un tour sur les réseaux sociaux chez les représentants des corps professionnels mis en scène (avocats, infirmières…), invite néanmoins à se méfier de l'impression d'inexactitude que donneraient uniquement les séries qui se passent dans l'univers scolaire d'une part, et *a contrario* de l'impression de réalisme de *ITC*.

logique assez habituelle de fabrication de séries dérivées, elle-même héritée des feuilletons du xixᵉ siècle. S'il peut suivre bien évidemment sans difficultés, il lui manque toute la trajectoire des trois personnages venus de *DNA* (Rose Latour, fille d'Auguste Armand, mais qu'il n'a pas élevée, Antoine Myriel, son compagnon, et Maxime Delcourt quittant sa famille pour passer le concours) – de manière assez amusante, le spectateur est dans la même position que les autres personnages d'*ITC* qui découvrent, au fur et à mesure des intrigues, une partie (mais une partie seulement) du passé de ces trois transfuges. Et il lui manque également la trentaine d'épisodes qui préparent le démarrage d'*ITC*, épisodes dont il voit même certaines courtes séquences, ce qui crée une impression troublante puisqu'il n'a pas regardé les scènes de ces quelques flash-backs et accroît le sentiment de réalité (il existerait un monde extérieur à la série). Inversement, les spectateurs de *DNA* ont été poussés par l'apparition de ces nouveaux personnages et le départ de trois de ses principaux protagonistes à regarder *ITC*.

Ces épisodes annoncent tout d'abord les manœuvres autour de la future direction de l'institut : Auguste Armand se rend à Sète pour renouer, avant de mourir, avec sa fille Rose Latour (Vanessa Demouy). Il lui propose, puisqu'elle écrit, de s'occuper de sa collection de livres à l'Institut. Pour finir de la convaincre, il offre le poste de proviseur à Antoine Meyriel (Frédéric Diefenthal) qui était jusque-là proviseur-adjoint du lycée de Sète où la mère de Maxime, Chloé, interprétée par Ingrid Chauvin, enseigne. Ces épisodes anticipent ensuite sur les péri-péties (nombreuses) autour du cruel professeur de pâtisserie, Emmanuel Teyssier (Benjamin Baroche). Celui-ci est également venu à Sète, mais pour surveiller avec férocité le travail de deux élèves en stage dans une paillotte sur la plage à la fin de leur première année (Anaïs et Enzo, alors en couple). Ils doivent, supervisés par son assistante à l'Institut que l'on découvre terrorisée par son chef et au bord du suicide (Noémie Matret), confectionner un gâteau de mariage. Tous les trois sont de futurs personnages de premier plan d'*ITC*. Cette trentaine d'épisodes prépare enfin l'une des histoires sentimentales qui structurent la série, tout du moins sa première saison[16] : celle de Maxime Delcourt et de Salomé

---

16   L'acteur Clément Rémiens, présent dès les débuts de *DNA*, a décidé de quitter la série, ce qui sera le cas début 2022. Salomé, qui a déjà rompu avec Maxime à l'automne, redevient donc une femme libre.

Dekens (Aurélie Pons) qui se sont rencontrés à Sète. Rencontre qui a décidé Maxime à passer le concours d'entrée à l'Institut et donc à quitter sa famille (et *DNA*). Si rien ne retenait Maxime, Salomé comme on le découvre dès les premiers épisodes d'*ITC* doit épouser Louis Guinot, fils de Claire Guinot (Catherine Marchal), professeure de cuisine, meilleure ouvrière de France, qui l'a prise sous son aile puisqu'abandonnée par sa mère dont elle ne connaît pas l'identité[17], elle a grandi en foyer.

ORIGINES SOCIALES, RACISATION ET SEXUALITÉ :
DES CLASSES ORDINAIRES

Comme dans toute école sélective, à l'Institut Auguste Armand, on trouve des héritiers : Jérémie (fils de Clotilde, la deuxième fille du fondateur, jouée par Elsa Lunghini) ; Louis Guinot (Fabian Wolfrom), fils de l'une des enseignantes de l'école mais aussi enfant jamais reconnu d'Auguste Armand, et qui ne découvre qu'à la veille de sa mort l'identité réelle de son père ; Charlène et Théo, respectivement en deuxième et troisième années au début de la saison 1, enfants du prof de pâtisserie, Emmanuel Teyssier et de l'infirmière de l'institut, Constance (Sabine Perraud) ; Greg, fils d'un chef étoilé, Benoît Delobel. Et on y rencontre aussi des « boursiers » : Lionel Lanneau (Lucien Belvès), meilleur ami de Greg, dont le père est vigile, et qui porte les espoirs de promotion familiale ; Kelly Rigaut (Axelle Dodier), d'abord gardienne à l'institut en compagnie de sa mère Laetitia (Florence Coste, qui, initialement, en raison de leur faible différence d'âge et parce qu'elle est une menteuse compulsive en raison de son passé traumatique, se présente comme sa sœur) avant que ses étonnants talents de cuisinière autodidacte la poussent à passer le concours qu'elle réussit au début de la saison 2

---

17   La recherche de l'identité des parents de Salomé est au cœur de la saison 1. Après avoir réussi à découvrir qui est sa mère (Sylvie Rigault, incarnée par Élise Tielrooy), Salomé réussit, poussée par Maxime, à l'arracher à l'emprise de son mari (François, Serge Hazanavicius), et à l'amener à vivre avec le frère de celui-ci, son propre père biologique (Pierre, Jean-Pierre Michaël). Cette dernière intrigue a été l'une des principales de l'été. Comme d'autres, au cours de la saison, elle permet d'accueillir des « guests », bien connus des amateurs de séries et de dramatiques télé.

malgré le stigmate qu'elle dissimule, l'illettrisme ; Salomé, abandonnée à la naissance, et dont on découvre au cours de la saison 1, à la fois la mère biologique et qu'elle est la sœur de Laetitia (oui, c'est un soap).

Si les rapports de classe sont bien présents (Kelly est régulièrement traitée de « bonniche », y compris par le croquemitaine Teyssier, Lionel a dès son adolescence tenté d'échapper à sa famille pour se réfugier chez les Delobel, Salomé dépend d'autant plus de Louis, qu'elle a été accueillie par Claire Guinot), la présence d'élèves racisés n'est pour le moment guère objet de commentaires même si quelques indices laissent à penser que la trajectoire biographique d'une étudiante indienne, élève de première année dans la deuxième saison, devrait être constituée en intrigue. Ils sont là comme ils le seraient dans une école réelle, la série est à nouveau à l'image de la réalité. Medhi Mabsoute (Marvin Pellegrino) est avant tout défini par ses talents de pâtissier et par son cancer qui le pousse à vouloir créer son « dessert signature » avant de mourir (il est finalement guéri, grâce à la grand-mère médecin de Maxime, personnage de *DNA*, présente dans l'un des cross-over entre les deux séries) – ce dessert est en écho néanmoins à la pastilla de sa grand-mère. Enzo Lopez (Azize Diabaté, acteur dont le père est malien) est avant tout présent par ses aventures sentimentales, même si son goût de la « vanne », son côté rebelle, son sens de la tchatche pourraient faire de lui un parangon du jeune noir de banlieue.

De manière exceptionnelle au regard des usages des castings[18], des acteurs racisés jouent des rôles qui seraient habituellement tenus par des acteurs blancs[19]. C'est le cas notamment de Marta Guiraud (élève à

---

18   Voir bien sûr l'ouvrage collectif *Noire n'est pas mon métier*, Paris, Seuil, 2018.

19   Cette pratique semble peu à peu gagner du terrain. Dans *Germinal* (mis en scène par David Hourrègue, réalisateur de *Skam France*) diffusé en octobre-novembre 2021, le rôle du cafetier, Rasseneur, est tenu par un acteur noir (Steve Tientcheu) tandis que c'est Sami Bouajila qui incarne l'un des patrons, Victor Deneulin. Les comptes Twitter arborant des drapeaux bleu-blanc-rouge ou des signes d'appartenance à l'extrême-droite ont d'ailleurs protesté. Ils se sont également élevés contre la présence des femmes à la mine, alors que Catherine Maheu est bien herscheuse (elle charge et pousse les wagonnets dans le roman). Ces présences sont dénoncées comme des anachronismes et des concessions aux minorités. *Marianne* comme le montre son titre (« "Germinal" revu à la sauce Metoo et gilets jaunes : le lifting lourdingue de France 2 ») a choisi un discours proche, de déploration de la modernisation des classiques. Il est particulièrement piquant de constater qu'Éric Zemmour dans son clip d'entrée en campagne, évoquant la France dans laquelle ses électeurs potentiels ne se reconnaîtraient plus, mentionne aussi les séries où ces mêmes électeurs ne se retrouveraient pas.

l'Institut, Sarah Fitri) et de Joachim (Janis Abrikh), son frère, menuisier occasionnel dans l'établissement, mais surtout de Khaled Alouach, jeune acteur franco-algérien, qui incarne Théo, fils des Teyssier, alors que sa sœur est jouée par une actrice blonde aux yeux clairs, Pola Petrenko. Ces dissemblances physiques entre eux ne jouent aucun rôle dans l'intrigue.

Le personnage le plus inhabituel au regard des normes télévisuelles françaises, cette fois sexuelles, est celui d'Eliott (Nicolas Anselmo), décrit dans l'annonce du casting comme « non binaire et pansexuel » – en réalité, dans la série « asexuel ». Maquillé, portant des nattes et des bijoux, ne courbant jamais la tête face au harcèlement homophobe ou transphobe auquel il est sujet dès les premiers épisodes, Eliott a les honneurs réguliers de la presse LGBTQ+, à commencer par *Têtu*[20]. *PBLV* avait innové pour les séries françaises avec un personnage gay (Thomas Marci, incarné par Laurent Kérusoré) – en réalité *Avocats et associés* dès 1998 avec le rôle de Laurent Zelder (Frédéric Gorny) ou *Une famille formidable* dès sa saison 4 en 2000, avec celui de Nicolas Beaumont (Romeo Serfati) l'avaient précédé – puis avec un personnage transgenre (Clara Bommel joué par Enola Righi) et un acteur transgenre (Jonas Ben Ahmed)[21]. Mais c'est la première fois, semble-t-il, qu'une série grand public française met au cœur de ses intrigues un jeune homme non binaire[22]. Plus encore, Eliott dont l'histoire familiale a été révélée dans la saison 2[23] (on devine déjà pendant la saison 1 qu'il a été chassé de chez lui), est celui qui émet régulièrement les jugements moraux les plus tolérants et les plus mesurés.

---

20 https://tetu.com/2020/10/30/qui-nicolas-anselmo-acteur-lgbt-ici-tout-commence-tf1/

21 En 2017, TF1 avait diffusé le téléfilm *Louis(e)*, incarnée par Claire Nebout, venue après sa transition essayer de reconquérir sa place dans sa famille. En novembre 2021, la chaîne a diffusé *Il est elle* sur la transidentité avec, cette fois, une actrice transgenre (Andréa Furet).

22 *Skam* a aussi des héros LGBT (dont l'un se prénomme… Eliott). Le couple Eliott/Lucas dès la saison 3 a dopé les audiences.

23 L'intrigue de fin d'année de la saison 2, intitulé « Le noël d'Eliott », place ce dernier au cœur de l'intrigue, la popularité du personnage et la dimension moralement éducative de la série ayant sans doute dicté ce choix.

UN SUPER-MÉCHANT

Dès les premiers épisodes d'*ITC* et tout au long de la première saison (comme l'a laissé présager son court passage dans *DNA*), Emmanuel Teyssier est l'un des pivots principaux des intrigues. Génie de la pâtisserie, ami d'Auguste Armand, il parvient à devenir le directeur de l'Institut, après avoir découvert que Louis Guinot (l'autre méchant de la série, rival de manière très classique de Maxime Delcourt, puisqu'il a découvert, après son mariage avec elle que Salomé avait eu une histoire avec lui) et sa mère Claire avaient imité la signature d'Auguste Armand (son testament holographe n'étant pas signé) et les avoir menacés de tout révéler. L'accession à cette position conforte un rétablissement inespéré au regard des premières intrigues de la saison 1 : après avoir été accusé d'avoir poussé au suicide par son harcèlement une des étudiantes, Amandine, disparue puis retrouvée enterrée dans le potager de l'Institut, après avoir été piégé par Noémie Matret (Lucia Passaniti) qui, aidée par Enzo, avait mis en scène un faux suicide destiné à faire éclater le scandale autour du cas Amandine, cocaïnomane, Teyssier avait même été chassé de chez lui par sa femme. Au quotidien, Teyssier est brutal, injuste, blessant, humiliant à l'égard de tous les étudiants. Misogyne, homophobe, transphobe, validiste, il traite régulièrement les élèves de « puceau » ou de « pleureuse », et l'élève mal voyante de la première saison, Élodie, de « Gilbert Montagné ». Il décide avec jouissance de changer à la dernière minute le règlement des examens (modification des coefficients et élimination inhabituelle des trois élèves de première année arrivées dernières en fin d'année). Il n'y a pas un personnage, à l'exception de sa femme (et de sa fille, mais seulement dans la première saison) auquel il ne s'oppose pas.

Même si les violences en cuisine sont attestées[24], même si l'acteur Benjamin Baroche évoque en interview pour la construction de son

---

24 Voir par exemple, Bouazzani, Nora et Bredoux, Lenaïg, « #MeToo : dans la gastronomie, l'espoir d'un changement », *Médiapart*, 26 décembre 2020 et le compte Instagram « jedisnonchef » de Camille Aumont Carnel. La productrice de la série, Sarah Farahmand a d'ailleurs souhaité proposer une intrigue autour du harcèlement sexuel en cuisine dans la saison 2 : « *En novembre, nous aurons une nouvelle arche autour du harcèlement sexuel en cuisine, dont je pense que nous allons être très fiers. C'est un thème qu'on veut aborder depuis le début de la série, parce qu'on sait que ça a été beaucoup abordé dans les médias, à juste*

personnage la brutalité qu'infligent et que s'infligent par des horaires de travail hors normes certains serveurs ou cuisiniers, rien n'est évidemment réaliste dans le personnage de Teyssier. La mère de la jeune élève suicidée et enterrée par Teyssier après avoir été harcelée par lui aurait dû porter plainte (et au moins le parquet s'autosaisir), l'institut a sans doute un règlement des examens qui ne peut être modifiée au gré des lubies du directeur, ses pratiques et ses paroles sont clairement discriminatoires, etc. Comme l'ont remarqué certains internautes, Teyssier évoque le Severus Rogue d'Harry Potter, professeur de potions (sa spécialité s'y prête). En fait, quasiment au cœur de toutes les intrigues, il est du point de vue du fonctionnement du récit celui qui, par sa brutalité et son cynisme, place la quasi-totalité des protagonistes (notamment ses pairs) devant des dilemmes moraux : peut-on tricher pour un examen ou pour accéder à une position ? Jusqu'où doit-on accepter l'autorité ? Peut-on travailler jusqu'à l'épuisement ? Doit-on dénoncer l'un de ses camarades ? Peut-on manipuler les étudiants et les collègues pour les pousser à l'excellence ?

PEUT-ON COUCHER
AVEC SON DEMI-FRÈRE OU AVEC SA DEMI-SŒUR ?

Dès les premiers épisodes et de ses premières rencontres avec lui, Célia (Rebecca Benhamour) tombe amoureuse de Jérémie (Pierre Hurel), fils de Clotilde Armand et de Guillaume Devaut (Bruno Putzulu) et petit-fils du fondateur de l'école, mais héritier malheureux qui est entré très mal classé à l'Institut. Célia vit dans les marais salants à proximité de l'école, en compagnie de ses grands-parents et de son père, Vincent, revenu travailler dans l'entreprise familiale d'exploitation du sel, après la rupture avec la mère de Célia. Très vite, Clotilde essaie par tous les moyens de séparer les deux amoureux, tandis que Jérémie ne parvient pas à avoir des relations sexuelles avec sa partenaire. En réalité, Jérémie et Célia

---

titre, maintenant que la parole se libère", explique la productrice d'Ici tout commence en référence notamment aux cheffes qui ont brisé l'omerta en 2020 et ont eu le courage de parler du sexisme, du harcèlement, et de la violence dont ont pu être victimes de nombreuses femmes dans l'univers de la restauration ». https://www.allocine.fr/article/fichearticle_gen_carticle=18703380.html.

ont le même père : Clotilde a vécu une histoire passionnée avec Vincent Gaissac, qui a disparu sans jamais lui donner de nouvelles jusqu'à son retour à l'institut puisque la saunerie familiale est l'un de ses prestataires (on apprendra que c'est Auguste Armand qui lui a donné une grosse somme pour qu'il quitte la région et sa fille). Clotilde a rencontré son actuel compagnon alors qu'elle était enceinte et sans jamais lui révéler la vérité (celle-ci connue, Guillaume a un grave accident qui le prive momentanément de la mémoire). Lorsque Célia et Jérémie finissent par apprendre qu'ils sont frère et sœur, ils se suicident. Sauvés *in extremis* par leurs parents biologiques, ils décident de demeurer en couple sans jamais avoir de relations sexuelles ni même s'embrasser. Ce choix est accepté (mais souvent déploré parce qu'il est charnellement frustrant) par les amis de Célia, et notamment ceux avec lesquels elle forme un trio inséparable (Hortense et Eliott), mais combattu par Clotilde qui utilisent tous les stratagèmes possibles pour les séparer. À la fin de la première saison, après de nombreuses péripéties, chacun des membres du couple finit par rendre sa liberté à l'autre.

Il s'agit là, sans doute du cas moral le plus épineux (et le plus tragique) de la série, et dont on voit bien que si l'histoire est rocambolesque (c'est un soap !), elle n'en est pas moins possible. Sa résolution repose uniquement sur la décision et la maturation des deux personnages, conscients de s'empêcher l'un l'autre de pouvoir vivre pleinement une histoire sentimentale et sexuelle, et non sur le rappel constant de l'interdit par les deux familles, rappel sans grande efficacité. Elle est néanmoins toujours acrobatique puisque le retour pour des problèmes de visa au début de la saison 2 de Jérémy, parti en Australie pour s'éloigner de Célia, bouleverse un temps la donne[25].

---

25 Malgré la tentation, Jérémy et Célia ne cèdent pas dans la saison 2. En raison d'un rebondissement que l'on ne dévoilera pas pour éviter de spoiler, Jérémy repart en catastrophe en Australie.

PEUT-ON AVOIR UN *SUGAR DADDY* ?

Hortense Rochemont (Catherine Davydzenka) est l'excentrique de la classe, celle aussi qui s'exprime sans filtre sur tous les sujets. Tentant d'abord d'avoir une relation avec Elliot, puis avec Maxime (dont la liaison avec Salomé est longtemps secrète), elle tombe finalement amoureuse de Medhi, avec lequel elle forme ensuite un couple stable. On découvre avant ce *happy-end* qu'issue d'une famille de médecins, elle a abandonné ses études de médecine après avoir réussi sa première année. Devant son refus de les reprendre, son père lui coupe les vivres et elle ne peut donc plus payer sa scolarité (on comprend au passage qu'elle est manifestement coûteuse, lorsque l'on n'est pas boursier, statut mentionné dans la deuxième saison à propos de Kelly). Hugues Leroy (Yann Sundberg), le riche expert-comptable de l'institut, client régulier du Double A et qu'elle a rencontré lors du service, lui propose de payer ses études en inventant un système de bourses, la couvre de cadeaux chers et l'invite chez lui pour la présenter à ses amis afin de booster sa « carrière », le tout, assure-t-il, sans contrepartie sexuelle. Progressivement, et sans en avoir véritablement envie ni y prendre beaucoup de plaisir comme on le comprend à ses confidences à Elliot (vite désapprobateur), Hortense couche avec Hugues avant de rompre. L'intrigue se termine tragiquement : des photos d'Hortense se retrouvent sur un site d'*escorts* et circulent à l'institut par les réseaux sociaux ; la coupable se révèle être Charlène, que Leroy, (dont on découvre qu'il est son ex et l'a aussi couverte de cadeaux), fait chanter avec une *sex-tape* ; Hortense en cachette de ses camarades conclut un pacte avec Charlène : elle feindra de se réconcilier avec Hugues, pour détruire la *sex-tape*. Séquestrée par lui après y être parvenue, elle est finalement sauvée grâce à Charlène qui alerte ses camarades.

Dans cette intrigue, les adultes se révèlent inefficaces voire défaillants. Claire Guinot pas plus que le père d'Hortense ne parviennent à arrêter l'expert-comptable. Et c'est l'alliance d'une partie des élèves qui est déterminante, ceux-ci passant de la tolérance de la situation (Hortense n'avait pas le choix) à la désapprobation avant de découvrir le « pot-aux-roses » (Leroy ne s'est jamais remis de la mort de son épouse et recherche de jeunes femmes blondes qui lui ressemblent).

La désapprobation morale des camarades d'Hortense ne porte pas sur
« l'échange économico-sexuel[26] » entre les deux personnages mais sur
l'absence de consentement.

CONSENTEMENT ET EMPRISE

Cette relation est l'une des occasions où la série aborde l'enjeu du
consentement dans les rapports sexuels. On la retrouve posée notamment
à propos du couple Greg (Mikaël Mittelstadt)-Elliot lorsque celui-ci se
découvre asexuel. Doit-il néanmoins se forcer à coucher avec Greg pour
lui faire plaisir ? Greg, qui s'est accepté comme gay, après s'être montré
au début de la série grossièrement homophobe, doit-il avoir des partenaires uniquement sexuels ? Cette solution au dilemme, suggérée par
Elliot s'impose un temps avant que, malgré les protestations de Greg,
Elliot décide d'essayer de coucher avec lui. Si le rapport sexuel s'avère
réussi, Elliot convient que le sexe est une expérience agréable mais dont
il n'a pas besoin très souvent. Le couple s'ajuste donc progressivement
aux besoins différents de l'un et l'autre de ses partenaires.

Avec l'emprise (d'abord vécue par Salomé lorsqu'elle est la fiancée puis
la femme de Louis, ensuite par sa mère biologique, alors qu'elle-même a
réussi à rompre avec Louis), il n'est plus question d'ajustement mutuel
ou d'accommodement mais de trouver le moyen de rompre. Les intrigues insistent sur la violence de ces rapports et sur la difficulté à s'en
extraire : Louis espionne Salomé, la persécute pour savoir si elle est
enceinte et de qui, la drogue pour pouvoir faire un test prénatal sur elle,
l'accuse d'être responsable de sa fausse couche, la rabaisse constamment,
y compris après leur rupture etc.

---

26 Selon la formule de l'anthropologue féministe Paola Tabet qui insiste sur ce qui est
échangé par les hommes (prestige, cadeaux, argent, mariage) contre un « service sexuel »,
même dans les relations légitimes. Voir *La Grande arnaque. Sexualité des femmes et échanges
économico-sexuels*, Paris, L'Harmattan, 2004.

PEUT-ON COUCHER AVEC SON PROF ?

De même que l'emprise est dénoncée, un rapport est clairement interdit : celui où un-e professeur-e manifeste un intérêt sexuel pour un-e élève. C'est le cas, lorsque Teyssier embrasse sur les lèvres Marta (la petite amie de son fils), à l'issue d'une série de cours particuliers pour lui faire rattraper son retard (elle a été blessée dans le sabotage de la cuisine par un élève recalé). Dans deux cas (dans la saison 1) professeur-e-s et élèves entretiennent en revanche une liaison consentie de part et d'autre[27]. La première entre Enzo et Noémie (dont le spectateur de *DNA* a connaissance quasi dès l'apparition des deux personnages, à la différence de celui d'*ITC* qui la découvre au fur et à mesure) reste inconnue de la quasi-totalité de l'équipe de direction : seul Teyssier le sait, le révèle dans un tag sur les murs de l'institut et fait pression sur Enzo. La relation permet à Noémie de se venger de Teyssier pour la mort d'Amandine. Enzo aide, en effet, sa professeure de pâtisserie à mettre en scène son faux suicide, à la cacher, à la nourrir et à la soigner (elle s'est gravement brûlée) et à la faire accuser, puisqu'elle est le corbeau qui envoie des messages contre Teyssier sur les réseaux sociaux. La sanction de la transgression est uniquement morale et se limite au couple : Anaïs quitte Enzo. Tout se passe comme si l'enjeu (le dévoilement public du harcèlement moral dont Teyssier est coupable), la brièveté de la relation et peut-être le sens de la relation (une très jeune femme professeure avec un élève) la rendaient acceptable.

Dans le second cas – la relation entre Anaïs et le professeur de salle Lisandro Inesta (Agustin Galiana) – est rapidement connue de tous. Même s'ils sont attirés l'un par l'autre, c'est Anaïs qui prend l'initiative d'embrasser Lisandro, tandis que celui-ci refuse d'abord que l'histoire aille plus loin. Leur cas pose immédiatement problème, notamment parce que Lisandro est suspecté *a posteriori* d'avoir choisi Anaïs comme cheffe de salle en raison de son attirance pour elle, alors que Charlène estimait qu'elle était la meilleure. Au fil des nombreuses péripéties de cette intrigue, chaque membre de l'équipe de direction appelé à se prononcer considère que la relation est de l'abus de pouvoir. Teyssier décide

---

27 Dans *DNA*, Maxime a eu une longue relation (avec des intermittences mais pendant deux saisons) avec Clémentine (Linda Hardy), sa professeure de sport au lycée.

de renvoyer l'un et l'autre, puis fidèle à son goût de la manipulation leur demande de choisir entre eux lequel doit partir. L'intervention de Marta, menaçant de révéler qu'il l'a embrassée contre son gré, emporte un temps sa décision (ils resteront s'ils sont discrets) contre le reste de l'équipe, puis il se ravise et contraint Lisandro à rompre. C'est finalement lui qui est sommé de s'expliquer devant l'équipe, en raison de l'incident avec Marta, et passe tout près du renvoi. Le couple Anaïs-Lisandro est sauvé et devra affronter d'autres épreuves dans la suite de la série comme la présence un week-end sur deux du fils de Lisandro.

Dans ces deux liaisons professeur-élève, la relation s'avère consentie (et pour la seconde, éprouvée par les ruptures imposées). Et c'est bien le consentement qui est ici la pierre de touche d'une relation professeur-élève (ce qui n'est pas en conformité avec les règles qui s'imposent même si les étudiant-e-s sont majeur-e-s en raison de la relation hiérarchique). Cette entorse montre à nouveau qu'en général c'est l'enjeu du consentement qui prime dans la série et doit faire l'objet d'un apprentissage.

Vue sous l'angle des multiples rapports à la sexualité, *ITC* peut se regarder comme un roman d'éducation morale collective. Cette veine est d'ailleurs poursuivie et approfondie dans la deuxième saison qui aborde notamment pansexualité, *revenge porn*, homophobie et harcèlement sexuel. Cette dimension d'apprentissage se décline également à propos de l'acquisition difficile d'une morale professionnelle dans un monde très concurrentiel et brutal où les concours (meilleur ouvrier de France, championnats du monde etc.) ou les postes dans des restaurants étoilés ou des palaces sont l'horizon des meilleurs. Elle est facilitée par l'unité de lieu (l'école et ses environs), qui permet de suivre des itinéraires individuels du concours d'entrée aux débouchés de la sortie, ainsi que par la comparaison avec les dilemmes moraux des adultes qui doivent, eux aussi, opérer des choix (sentimentaux, sexuels, professionnels) et n'y parviennent pas plus aisément. Cette comparaison (certes plus perceptible pour le spectateur que pour les protagonistes) participe elle aussi à faire d'*ITC* un outil d'éducation.

Frédérique MATONTI

EUPHORIA, TROUBLE DANS LE GENRE ET SEXUALITÉ ADOLESCENTE

Diffusée depuis juin 2019, sur HBO, *Euphoria*, la série créée par Sam Levinson, a révolutionné l'univers du *teen drama* en se démarquant totalement, tant sur le plan thématique qu'esthétique de la plupart des fictions pour adolescents contemporaines. En seulement une saison, composée de huit épisodes auxquels s'ajoutent deux épisodes spéciaux, tournés durant la pandémie de la Covid-19, la série de Levinson a abordé un nombre assez conséquent de sujets inconfortables, allant de la consommation excessive de drogue et d'alcool chez les adolescents à l'influence de la pornographie sur leur sexualité en passant par les violences sexuelles et l'avortement. Avant même sa première diffusion, *Euphoria* s'était déjà forgée une réputation sulfureuse, relayée notamment par le presse, qui a reproché à la série de multiplier les scènes de sexe. Selon certaines rumeurs, HBO aurait même demandé à Levinson de couper ou de modifier certains passages jugés trop choquants. Si ces allégations n'ont pas été vérifiées, elles ont permis à *Euphoria* d'attirer, dès son pilote, un assez large public. Cette popularité doit également beaucoup aux réseaux sociaux puisque, après la diffusion du premier épisode, le hashtag #EuphoriaHBO était la première tendance aux États-Unis et la troisième mondiale.

Très crue dans son approche de la sexualité adolescente, *Euphoria* dérange parce qu'elle apparaît moins comme un *teen drama* conventionnel, comme peuvent l'être des séries telles que *Riverdale* ou *13 Reasons Why*, que comme la continuité du travail cinématographique de Sam Levinson qui, en 2018, dans son film *Assassination Nation* mettait déjà en scène une génération dépourvue de repères, exposant sa vie, notamment sexuelle, sur les réseaux sociaux. Or, comme dans *Assassination Nation*, les excès exposés dans *Euphoria* ne font l'objet d'aucun discours moralisateur, ce qui, au-delà, de l'omniprésence des scènes de sexe précédemment évoquée, a profondément dérangé les spectateurs les plus conservateurs. Tim Winter, le président du *Parents Television Council*, a même été jusqu'à reprocher à HBO de vendre un contenu adulte à des adolescents et à des pré-adolescents. Si, avec *Euphoria*, Sam Levinson cherche à provoquer en abordant frontalement les dérives de la génération Z, il évite soigneusement le piège de la surenchère *trash* pour proposer une étude de caractère d'une grande subtilité. Héritier direct de ces grands cinéastes de l'adolescence en perdition que sont Larry Clark et Gregg Araki, Levinson déconstruit les stéréotypes de genres en mettant en scène des personnages *gender fluid* aux pratiques sexuelles non normatives. Il dénonce aussi les dérives du *male gaze* à travers le regard d'adolescentes conscientes de suivre le diktat de l'hétéronormativité genrée[1].

UN POINT DE VUE FÉMININ

Tout au long de la première saison, Rue, l'héroïne de la série, une adolescente toxicomane et dépressive, fait office de narratrice omnisciente racontant, à chaque début d'épisode, l'histoire personnelle de l'un des personnages. Après avoir longuement parlé d'elle dans l'introduction du pilote, elle livre, dans chacun des épisodes qui suivent, les émotions et le ressenti de ses amis et camarades de classe : Nate (épisode 2), Kat (épisode 3), Jules (épisode 4), Maddy (épisode 5), McKay (épisode 6) et Cassie (épisode 7). Au final, seuls deux personnages masculins, contre cinq féminins (Rue ouvrant et clôturant la saison), ont droit à leur récit.

En laissant la parole à Rue, Sam Levinson met en lumière la pression que la société patriarcale fait peser sur le corps des femmes. Son regard scrute – sans porter, pour autant, un quelconque jugement –, les transformations que les adolescentes s'imposent pour se sentir attirantes aux yeux des autres. Exceptée Rue, les personnages féminins d'*Euphoria* ressentent le besoin irrépressible de plaire aux hommes. De par leurs tenues sexy, leur maquillage outrancier ou leurs attitudes aguicheuses, elles incarnent de purs fantasmes sexuels semblables à ceux que l'on peut trouver dans

---

1 La notion d'hétéronormativité genrée définit certains comportements comme strictement masculins ou comme strictement féminins.

le domaine de la pornographie. Le personnage de Maddy réutilise, par exemple, durant l'acte sexuel, les postures des actrices de films X. Elle maintient ainsi son emprise sur son petit-copain, Nate, persuadé d'être le premier homme avec qui elle a couché. Fan du film *Casino*, la jeune fille voudrait être capable de manipuler Nate comme Sharon Stone manipule Robert De Niro chez Scorsese. Selon elle, les femmes ne peuvent avoir du pouvoir que si elles s'efforcent de jouer, jusqu'à la caricature, le rôle que les hommes leur assignent depuis la nuit des temps. Une femme doit donc être à la fois provocante et fragile, attirer le regard masculin tout en feignant de ne pas le voir. C'est en acceptant de correspondre à une multitude de fantasmes que Maddy, tour à tour jeune fille virginale et *porn star*, réussit à obtenir tout ce qu'elle souhaite. Or, pour Nate, Maddy doit aussi savoir se plier à certaines conventions sociales. Elle ne peut pas, de ce fait, rencontrer sa famille dans une tenue que celui-ci juge indécente. Dans le quatrième épisode de la première saison, se déroulant, en partie, à la fête foraine, Nate reproche à Maddy d'être habillée comme une « traînée[2] ». Il craint que ses parents, qui ne l'apprécient déjà pas, aient une encore plus mauvaise image d'elle. Les mots très durs du jeune homme qui, en d'autres circonstances, apprécierait de voir sa compagne courtement vêtue, peuvent être perçus comme une critique du *male gaze* qui réduit les femmes à leur seule apparence. Maddy ne suivra cependant pas les injonctions de son petit ami. Bien que celui-ci la brutalise, elle ne se pliera jamais complètement à ses caprices. Prête à tout pour le rendre jaloux, elle s'offrira, en soirée, et au milieu d'une piscine, à un parfait inconnu sous les yeux d'un public d'adolescents qui les filmeront avec leurs iPhones.

Volontairement hypersexualisées, bien qu'elles ne fassent qu'imiter les stéréotypes sexistes véhiculées par les médias, les héroïnes d'*Euphoria* se moquent de ce que l'on peut dire d'elles et assument pleinement la nature de leurs désirs. Cassie envoie ainsi des *nudes* à ses petits-amis, bien qu'elle sache qu'ils ne se gêneront pas pour les dévoiler, tandis que Kat, après avoir perdu sa virginité, décide de devenir *cam girl* pour des fétichistes d'âge mûr. *Euphoria*, comme aucune série sur l'adolescence ne l'a fait auparavant, célèbre le corps et la sexualité féminine dans toute leur diversité. Si Cassie et Maddy correspondent à des clichés du

---

2   Dans la version originale, Nate emploie le mot « whore » pour définir la tenue vestimentaire de Maddy.

teen drama, auxquels Levinson confère néanmoins une certaine profondeur, ce n'est pas le cas de Kat et Jules qui présentent une image de la féminité très différente de ce que l'on peut trouver habituellement à la télévision américaine. Kat, interprétée par la mannequin grande taille Barbie Ferreira, est une adolescente en surpoids qui, après avoir perdu sa virginité, lors d'une soirée arrosée, découvre une vidéo d'elle, prise de dos, en plein ébat sexuel. Impossible à reconnaître sur la vidéo qui circule sur plusieurs sites pornographiques, la jeune femme découvre, en lisant plusieurs commentaires d'internautes que son corps est un puissant objet de désir. Elle monnaie alors ses charmes en acceptant de devenir la dominatrice virtuelle d'hommes masochistes prêts à payer de grosses sommes d'argents pour être insultés et humiliés.

Alors que dans une autre série télévisée, le dévoilement d'une *sextape* viendrait littéralement briser des vies, il est, au contraire, ici totalement libérateur. C'est en prenant conscience que son corps peut être aussi désirable que ceux, beaucoup plus formatés, de ses amies Cassie et Maddy, que Kat réussit à multiplier les conquêtes. Au départ, l'adolescente apparaît, pourtant, comme un personnage des plus stéréotypés. Elle est la fille mal dans sa peau, qui ne se préoccupe pas d'être bien habillée, à laquelle les garçons ne s'intéressent pas à cause de son surpoids et qui écrit, en cachette, des *fan fictions* homoérotiques sur le groupe *One Direction*. Kat aurait pu rester cet archétype du *teen movie* qu'est l'intello moche et coincée, celle qui se cache derrière de grosses lunettes et qui ne vit que dans l'ombre de sa meilleure amie belle et populaire, or Sam Levinson détruit totalement ce cliché en faisant de l'adolescente une femme fatale qui collectionne les aventures[3]. C'est en arborant des tenues sexy, qui dévoilent ses formes, au lieu de les cacher, que Kat acquiert cette toute puissance sexuelle. Il est d'ailleurs amusant de voir que les garçons populaires, qui finissent par avoir des relations intimes avec elle, sont de bien piètres amants qui jouissent au bout de quelques secondes alors qu'ils se vantent partout d'être des coups d'exception.

Jules, adolescente transgenre, ne peut quant à elle se comporter au lycée de la même manière que les autres filles. Par peur, sans doute,

---

3 Bien avant *Euphoria*, certaines séries américaines avaient déjà subverti cet archétype de la fiction adolescente. Gabrielle dans *Beverly Hills 90210*, Willow dans *Buffy the Vampire Slayer* ou encore Andie dans *Dawson's Creek* n'étaient pas réductibles au seul cliché qu'elles incarnaient.

bien que cela ne soit jamais abordé frontalement dans la série, du regard des garçons de son âge sur son corps, Jules séduit, via des applications de rencontre, des hommes plus âgés qui n'assument pas, pour la plupart, leur homosexualité. En lui signifiant qu'ils sont exclusivement hétérosexuels, ces hommes de passage refusent consciemment de la considérer comme une femme et réduisent son identité de genre à sa seule génitalité. Ils n'acceptent pas d'être davantage attirés par ses attributs sexuels, soit par ce qui la rattacherait à une certaine forme de masculinité, que par son apparence physique. Jules a cependant besoin de séduire des hommes pour se prouver qu'elle est une femme. Pour cela, elle se plie consciemment aux mêmes stéréotypes de genres que ses copines cis. Arborant un look de Lolita *kawaï*, ouvertement moins provocant que ceux de Maddy ou de Kat, mais renvoyant à un imaginaire érotique tout aussi étendu, Jules attire surtout des hommes mûrs auxquels elle ment sur son âge. C'est lorsqu'elle se trouve au contact de Rue, que l'adolescente peut vraiment être elle-même et ne pas jouer une image outrancière et caricaturale de la féminité. Elle ne craint pas, par exemple, de se montrer en sous-vêtements devant son amie bien que celle-ci puisse entrevoir son pénis.

Fig. 1 – Jules (Hunter Schafer) et Rue (Zendaya) dans la série *Euphoria*.

GENRE(S) ET SEXUALITÉ(S)

Hunter Schafer, l'interprète de Jules, a collaboré avec Sam Levinson sur l'écriture de son personnage. Elle souhaitait que l'histoire de la série reflète au mieux son expérience de jeune fille trans. Le deuxième épisode spécial, diffusé le 22 janvier 2021, co-écrit par Hunter Schafer, peut d'ailleurs être perçu comme une prise de position de l'actrice concernant les injonctions faites aux femmes transgenres sur ce que l'on attend d'elles lors de leur transition. Très présente sur les réseaux sociaux, et notamment Instagram, Hunter Schafer, bien qu'elle refuse de se définir comme militante, a mené plusieurs combats en faveurs des droits des personnes LGBTQ+. En 2016, alors qu'elle est encore lycéenne, elle s'insurge contre le refus de l'accès, pour les adolescentes transgenres, aux toilettes pour filles de son établissement au point d'écrire une tribune sur le site internet ID. Le « Bathroom Bill », projet de loi du parti Républicain, adopté en mars 2016, en Caroline du Nord, stipulait que chacun devait utiliser les toilettes publiques correspondant au genre qui lui a été attribué à la naissance. La loi a été abrogée, un an plus tard, après qu'Hunter Schafer et d'autres membres de la communauté trans, ont dénoncé son caractère discriminatoire.

Dans *Euphoria*, Jules n'a rien d'une activiste, elle ne se préoccupe pas directement des droits des personnes transgenres, mais son discours sur la féminité fait écho aux prises de positions de son interprète. Dans le deuxième épisode spécial, Jules explique ainsi à sa psychiatre que sa conception de la féminité n'est pas réductible à sa seule apparence. Elle estime que sa prise d'hormones n'est pas nécessaire à son épanouissement en tant que femme puisqu'elles ne définissent pas ce qui fait d'elle une femme. C'est néanmoins pour que les autres la trouvent féminine que Jules est obligée de se conformer aux exigences du *male gaze* et donc de se créer une identité qui n'a pas forcément en accord avec ce qu'elle est au plus profond d'elle-même. Dans l'imaginaire collectif, et notamment l'univers de la pornographie, la personne trans, notamment lorsqu'elle est *M to F*, a souvent été assimilée à une sorte de créature hybride, à la fois homme et femme, semblable au personnage mythologique d'Hermaphrodite. Encore aujourd'hui, à l'ère des réseaux sociaux, le corps trans est fétichisé quand il n'est pas totalement déshumanisé. Dans son ouvrage *Une histoire de genres : Guide pour comprendre et défendre les transidentités*, l'instagrameuse transgenre Lexie Agresti a démontré que les personnes trans, trop souvent réduites à leur seule anatomie, fascinent parce qu'elles sortent du cadre strict de la binarité. La personne trans, souvent rejetée de la sphère publique, peut, dans un cadre privé, devenir un objet de curiosité voire de fantasme sexuel :

> La question des préférences génitales et de leur légitimité est ainsi très présente dans les sphères militantes ; je ne compte plus les messages insultants affirmant que « personne ne veut d'une trans », que j'ai pu recevoir y compris dans des contextes totalement dénués d'ambiguïté romantique ou sexuelle… Cette affirmation ferme et violente de notre rejet est par ailleurs en contradiction apparente avec une autre tendance liée à la curiosité génitale et à l'hypersexualisation des personnes trans : les discussions sur YouTube ou sur TikTok entre personnes cisgenres, qui explorent les comptes des personnes queers en cherchant à « deviner leur genre » ; bien souvent, avec dans la foulée, un grand renfort de questions demandant « toi, tu pourrais coucher avec un.e.x trans[4] ? ».

Les propos de Lexie Agresti font écho à la situation de Jules dans *Euphoria*. Son genre et sa sexualité dérangent autant qu'ils excitent. L'un des partenaires de la jeune fille lui demande d'ailleurs si elle est sexuellement active, réinvestissant ainsi le cliché pornographique de la *shemale* soit la femme trans qui pénètre les hommes avec son pénis souvent imposant. Dans *Euphoria*, Jules trouve la plupart des hommes avec qui elle couche sur des applications gay. Elle y rencontrera notamment Cale Jacobs, le père de Nate, incarné par Eric Dane, le docteur Glamour de *Grey's Anatomy*. Attiré par les jeunes garçons efféminés et les filles trans, Cale qui utilise, sur internet, le pseudonyme de DaddyDomi, correspond parfaitement au stéréotype du gay viril au corps musclé. Dans sa vie publique, il est le père de famille modèle qui a réussi professionnellement mais qui garde, cachées dans son bureau, les vidéos de ses aventures avec de jeunes gens *queer*. Cale, s'il craint que Jules ne brise sa vie en révélant à tout le monde leur aventure, se confie, souvent de manière très intime, à ses partenaires sexuels. Il compense, en se montrant brutal lors du coït, le peu de confiance qu'il a en lui. Face à

---

4   Lexie Agresti, *Une histoire de genres : Guide pour comprendre et défendre les transidentités*, Paris, Marabout, 2021.

Minako, un travesti pour le moins exubérant, il avouera sa crainte d'être la cause des problèmes de ses enfants qui, bien qu'ils ne connaissent rien de sa vie privée, souffrent indirectement de ses agissements.

Dans *Euphoria*, l'homosexualité féminine n'est pas envisagée de la même façon : elle n'est pas perçue comme quelque chose de honteux ou de tabou. La mère et la sœur de Rue approuvent ainsi sa relation amoureuse avec Jules. Elles ne définissent pas non plus la jeune fille en fonction de sa sexualité. Rue, quant à elle, ne se considère pas comme lesbienne. Avant de rencontrer Jules, elle a eu quelques expériences sexuelles ratées avec des garçons et a embrassé sa meilleure amie Lexie sur la bouche. Rue et Jules, même si elles n'ont pas de relations intimes ensemble, s'aiment, et tout le monde dans leur entourage l'accepte parfaitement. Alors que la relation homosexuelle entre une adolescente cisgenre et sa copine trans ne choque personne, toute manifestation d'homosexualité masculine est, au contraire, violemment réprimée. Nate, qui visionne, depuis ses onze ans, les vidéos secrètes de son père, ressent même du dégoût pour le sexe des autres garçons au point de ne pouvoir supporter, dans les vestiaires, la vue du pénis de ses coéquipiers. Lorsqu'il découvre que son père a couché avec Jules, Nate, qui nourrit une véritable haine du corps trans, décide de piéger la jeune fille en se créant un faux profil sur une application de rencontre gay. Il lui fait croire qu'il est amoureux d'elle, qu'il la considère comme une femme à part entière alors que son seul but est de protéger la réputation de son père et de sa famille. Nate envoie, depuis son téléphone, toute une série de *dick pics* à Jules. Ces photographies sont la cause de la crise que rencontre son couple puisque Maddy, en les découvrant, pense que son petit-ami est bisexuel. Nate, furieux que Maddy puisse imaginer qu'il est aussi attiré par les garçons, n'arrive plus à lui faire l'amour. Comme contaminé par une sexualité qui n'est pas la sienne, mais celle de son père, le jeune homme devient impuissant.

D'une manière, sans doute, moins traumatique, Christopher McKay, le petit-ami étudiant de Cassie, voit l'homosexualité comme une négation de la masculinité. Lors d'une soirée étudiante, alors qu'il se trouve dans une chambre avec Cassie, le jeune homme est attaqué par huit de ses camarades qui le déshabillent, miment l'acte sexuel avec lui et déforment son nom de famille de McKay en McGay. L'humiliation ressentie le poussera, quelques minutes après, à faire violemment l'amour à Cassie sans se soucier des envies et du ressenti de sa partenaire. La représentation de l'homophobie dans *Euphoria* est toujours teintée d'une certaine ambiguïté. Elle évoque l'imaginaire homoérotique des vestiaires où les sportifs se retrouvent, après le match, pour prendre leurs douches ensemble et les rituels d'initiation des fraternités étudiantes. Simplement vêtus d'un *jockstrap* (un slip en suspensoir), les étudiants qui bizutent McKay, s'amusent à faire semblant de le sodomiser. Ils réinvestissent un véritable topos du porno gay qui veut que le *top* soit considéré comme un homme viril, le plus souvent présenté comme ouvertement hétérosexuel, et le *bottom*, réduit à ses seuls orifices, soit perçu comme un sous-homme voire parfois même comme une contrefaçon de la femme. Dans certains films pornographiques gay, l'actif utilise même des insultes sexistes pour dégrader son partenaire.

La féminisation du passif, surtout quand elle a pour but de le rabaisser, participe à cette réification du corps de la femme qui, même quand elle n'apparaît pas à l'écran, demeure un modèle de faiblesse et de soumission. La misogynie, telle qu'elle est représentée dans *Euphoria*, est un remède contre le caractère contaminant de l'homosexualité. Tout au long de cette première saison, Sam Levinson multiplie les plans sur les torses musclés de Nate et de ses amis et expose des photographies de pénis en érection pour montrer que les représentations de la masculinité sont tout aussi caricaturales que celles de la féminité et qu'elles répondent, comme elles, à toute une série de codes pour le moins restrictifs. Alors que l'on trouve, dans la plupart des séries contemporaines pour adolescents, des personnages de jeunes gays positifs et bien dans leur peau – que l'on songe au couple formé par Kurt et Blaine dans *Glee* ou à Victor, le héros de la série *Love, Victor* – dans *Euphoria*, l'homosexualité masculine doit toujours être cachée. Dans une série ouvertement LGBT, ce déficit de la représentation peut surprendre, mais il permet à Levinson de dénoncer, comme il l'avait déjà fait dans son film *Assassination Nation*, le concept de masculinité toxique.

UNE CRITIQUE DU MASCULIN

Selon la blogueuse féministe Amanda Mercotte, la masculinité toxique est un modèle spécifique de la virilité, orienté vers la domination et le contrôle[5]. C'est une virilité qui perçoit les femmes et les personnes LGBT comme inférieures, qui conçoit le sexe comme un acte non pas d'affection mais de domination, et qui valorise la violence comme seule façon de s'imposer dans le monde. Cette idée de masculinité toxique est parfaitement incarnée par le personnage de Nate qui, à plusieurs reprises, au cours de la première saison, se montre particulièrement virulent dans ses paroles envers la gente féminine. Ainsi, pour lui, Cassie, parce qu'elle a fait une *sextape* qui a été largement diffusée contre son gré, est « une putain et une

5   Amanda Mercotte a popularisé le concept de masculinité toxique dans ses articles pour les sites web *Slate, Salon* et *Jezebel*. Voir à ce propos l'article « La masculinité peut-elle être autre chose que toxique ? » de Déborah Malet et Stylist sur *Slate* : http://www.slate.fr/story/121197/masculinite-toxique, 12/08/2016 (consulté le 15/07/2021).

pécheresse qui ne mérite pas que l'on s'intéresse à elle[6] ». McKay, quant à lui, ne pourra s'empêcher de la malmener sexuellement en tentant, en plein acte sexuel, de l'étrangler. Influencé par la pornographie, le jeune homme a également intégré le discours de Nate qui considère que les filles qui ont une sexualité trop libérée ne se respectent pas et sont donc, de ce fait, prêtes à subir toutes sortes d'outrages. Face aux protestations de Cassie, McKay finit par s'arrêter et s'excuser. Il se montre cependant surpris par la réaction de sa petite amie qu'il pensait ouverte à ce genre de pratiques. Cassie lui explique alors qu'aucune fille n'aime être étranglée.

Les personnages masculins d'*Euphoria* peinent à comprendre la notion de consentement. Bien que la série ne montre pas, à proprement parler, de scènes de viol, elle expose des comportements sexuels particulièrement brutaux. Cassie, Maddy et Jules subissent, de la part de leurs amants, toutes sortes de violences physiques. Si elles refusent, la plupart du temps, de mettre des mots sur ce qu'elles vivent, c'est parce qu'elles espèrent se faire aimer sincèrement de leurs bourreaux. En quête d'amour, les héroïnes d'*Euphoria* se heurtent toujours à la cruauté des hommes. Humiliée par Daniel, à qui elle s'est refusée, Cassie devra avorter de l'enfant qu'elle attend de McKay, tandis que Maddy, pour protéger Nate, sera obligée d'accuser un innocent de l'avoir strangulée.

Étonnement la figure masculine la plus positive d'*Euphoria* est Fesco, le *dealer* de Rue, qui est prêt à prendre tous les risques pour protéger sa jeune cliente. Fesco considère Rue comme sa petite sœur et ne tente à aucun moment de la séduire ou de profiter d'elle. À peine plus âgé que les adolescents qu'il fournit en drogues, le jeune homme, qui s'occupe de sa grand-mère mourante, paraît presque asexuel. Il est l'antithèse complète de Nate et de McKay qui, s'ils éprouvent des sentiments sincères pour leurs petites amies, font preuve à leur égard d'une terrible misogynie. Tout aussi respectueux des femmes que Fesco, Ethan le voisin de Kat, en cours de biologie, se démarque aussi de ses camarades de classe. Le personnage n'est ni un sportif musclé ni un garçon populaire et, contrairement aux autres adolescents de la série, est encore vierge. Amoureux de Kat, il cherchera à lui faire plaisir, sur le plan sexuel, en lui prodiguant un cunnilingus mais, trop excité par ce premier contact charnel, qui amènera une éjaculation inopinée, le jeune homme, honteux, se sentira obligé de la laisser en plan. Le semi-échec

---

6   En version originale, Nate emploie les mots « whore » et « sinful » pour qualifier Cassie.

de ce premier rapport sexuel n'empêche cependant pas Ethan d'être
le seul personnage masculin d'*Euphoria* à se soucier du bien-être de sa
partenaire. Les relations hétérosexuelles, si elles prédominent dans la
série, sont toujours décevantes. Les garçons jouissent trop vite, tandis
que les filles, totalement instrumentalisées, n'ont jamais la possibilité
de prendre du plaisir durant l'acte sexuel.

VERS UNE SEXUALITÉ *QUEER*

C'est en acceptant de s'ouvrir à une sexualité résolument plus *queer*
que les héroïnes d'*Euphoria* auront, peut-être, la possibilité d'inverser cette
tendance. Jules, en tombant amoureuse de Rue, finit par totalement rejeter
ce concept d'hétéronormalité sur lequel elle avait, jusqu'alors, construit
sa vie et son identité. Elle succombe également au charme d'Anna, une
jeune femme cisgenre, interprété par l'acteur non binaire Quintessa
Swindell qui, contrairement aux hommes qu'elle a pu fréquenter, par le
passé, fait preuve de douceur avec elle. Anna embrasse Jules, la caresse
alors que ses amants ne faisaient que la pénétrer brutalement. En prenant
en compte l'intégrité du corps de sa partenaire, Anna déconstruit les
représentations cloisonnées du genre et de la sexualité. Le pénis de Jules
n'est ainsi jamais présenté comme un obstacle à leur relation sexuelle.

Avant *Euphoria*, aucune série télévisée américaine n'avait osé laisser
apparaître, à l'écran, les parties génitales d'un personnage trans *M to F*
non opéré. Le geste de Sam Levinson, et de son actrice Hunter Schafer,
est ici éminemment politique. Il s'agit d'aller à l'encontre de certains
discours, notamment médicaux, qui visent, encore aujourd'hui, à établir
un lien entre identité psychique genrée et corps sexué. Cette idée qu'une
femme trans ne doit plus avoir de pénis pour être considérée comme
une vraie femme avait fait l'objet, en 1992, d'une célèbre étude critique
de la chercheuse trans *M to F* Sandy Stone. Dans son article « The
Empire Strikes Back. A Posttransssexual Manifesto[7] », Stone avait, en

---

7   Stone, Sandy, « The Empire Strikes Back. A Posttransssexual Manifesto », in Julia
     Epstein, Kristina Straub, *Body Guards : The Cultural Politics of Gender Ambiguity*, New
     York, Routledge, 1992.

effet, démontré que les cliniques traitant de la dysphorie de genre avait comme but principal de réinscrire la binarité et la prétendue naturalité des genres alors que l'expérience trans montre, au contraire, que le genre est performatif et artificiel, que les corps ne sont pas naturels et le sexe non plus. Dans *Euphoria*, Jules performe une certaine idée de la féminité sans, pour autant, évoquer une quelconque opération de réattribution sexuelle. Contrairement à Lara, l'héroïne du long-métrage *Girl* (2018) de Lukas Dhont qui ressent le besoin de mutiler son appareil génital pour se sentir femme, ce qui a d'ailleurs, et à juste titre, consterné bon nombre de personnes trans, Jules a appris à accepter ce corps qu'elle détestait lorsqu'elle était encore enfant.

La force d'*Euphoria* est de traiter sans détour des questions de fluidité de genres et de sexualités alternatives sans jamais asséner au spectateur un quelconque discours théorique pro LGBTQ+. La différence est normalisée et c'est aussi, pour cette raison que Rue et Jules ne se définissent pas en fonction de leurs préférences sexuelles. Elles ne présentent jamais comme lesbiennes, bisexuelles ou pansexuelles. Elles incarnent la définition du « *queer* » établie par la théoricienne Eve Kosofsky Sedgwick dans son ouvrage *Épistémologie du placard*, c'est-à-dire une totale remise en cause de l'idée selon laquelle la préférence sexuelle est au cœur de l'identité des individus[8]. Le « *Queer* », pour Sedgwick permet de sortir de la binarité hétéro/homo. C'est un terme relativement neutre qui connote étymologiquement une traversée des frontières mais qui ne réfère à rien en particulier, laissant donc la question de ses dénotations ouverte à la contestation et à la révision. Si l'on suit strictement la définition de Sedgwick, tout ce qui sortirait du schéma hétéronormatif classique peut être considéré comme *queer*, notamment les pratiques BDSM qui n'impliquent pas forcément de pénétration. Kat est donc, de ce fait, un personnage *queer*, au même titre que Rue et Jules, puisque, même s'il lui arrive d'avoir des relations sexuelles conventionnelles avec des garçons de son âge, elle prend surtout plaisir à humilier, derrière l'écran de son ordinateur, ses clients masochistes. Devenue castratrice, elle renverse, elle aussi, à sa façon une certaine idée de l'hétéronormalité qui voudrait que les hommes aient, dans l'acte sexuel, le pouvoir sur les femmes.

8   Kosofsky Sedgwick, Eve, *Épistémologie du placard*, Paris, éd. Amsterdam, 2008 (première édition américaine : 1990).

LA PERFORMANCE DU GENRE

Malgré cette approche résolument « *queer* » de la sexualité, la plupart des personnages d'*Euphoria* performent néanmoins leur genre. Perpétuellement en représentation, ils surjouent, tant par leurs attitudes que par leur apparence, une certaine idée de la masculinité et de la féminité. Les garçons sont musclés, virils et jouent au football tandis que les filles, faussement ingénues, demandent à leurs *boyfriends* de prendre soin d'elles et de les protéger. Le masculin se trouve du côté de la force physique voire de la violence, tandis que le féminin est rattaché aux sèmes de douceur et de fragilité. Il est possible de mettre en relation cette représentation, au départ très stéréotypée de l'adolescence, semblable à ce que l'on peut trouver dans un nombre important de *teen movies*, avec la théorie du genre telle qu'elle a été établie par Judith Butler dans son ouvrage fondateur des *genders studies*, *Trouble dans le genre*[9]. Selon Butler, l'identité de genre n'est en rien naturelle et le sexe biologique est socialement construit par l'identité de genre. Dans *Euphoria*, les personnages masculins refusent de faire preuve de fragilité de peur d'être destitué de leur phallus. Cale Jacobs, qui souffre de sa situation d'homosexuel refoulé, veut faire de son fils un parangon de virilité, tandis que Nate et McKay ne supportent pas l'idée que l'on puisse penser, ne serait-ce qu'un instant, qu'ils sont gays.

En ce qui concerne les personnages féminins, on trouve le plus bel exemple de performativité du genre dans le sixième épisode de la saison lors de la grande soirée d'Halloween. Jules, Kat et Cassie se sont déguisées en héroïnes de cinéma. Jules a revêtu la robe virginale et les ailes portées par Claire Danes dans le *Roméo + Juliette* de Baz Luhrmann, Cassie s'est métamorphosée en Alabama Whitman, la *pin-up* incarnée par Patricia Arquette dans *True Romance* de Tony Scott et Kat, dans un registre beaucoup plus *dark*, est devenue Thana, la fausse nonne vengeresse de *L'Ange de la vengeance* d'Abel Ferrara. Les costumes reflètent ici, en partie, la personnalité des différentes protagonistes. Elles en sont la version exacerbée. Le romantisme de Jules, le besoin de séduire de Cassie

---

9   Butler, Judith, *Trouble dans le genre*, Paris, La Découverte, 2006 (première édition américaine : 1990).

ou la colère de Kat, envers une gente masculine qu'elle réussit désormais à dominer, se manifestent à travers des vêtements qui apparaissent ici comme l'extension grotesque de leurs garde-robe habituelle. Kat, en devenant, le temps d'une soirée, l'héroïne d'un classique du *rape and revenge movie*, utilise sa sexualité comme une arme. Elle ne veut pas être victime des hommes comme le sont, sans forcément s'en rendre compte, ses amies. Rue et Lexi, quant à elles, refusent de performer leur genre, l'une en se vêtant d'un smoking noir et l'autre en se grimant en Bob Ross, présentateur vedette d'une émission télévisée sur la peinture dans les années 80. Lexi sera moquée par sa mère qui ne comprendra pas qu'une fille de son âge veuille ressembler à un homme d'une cinquantaine d'année. Elle fera d'ailleurs une forte distinction entre ses deux filles à travers le choix de leurs costumes : si Cassie représente, pour elle, la quintessence de la féminité, Lexi se montre bien trop repoussante pour attirer un garçon.

Dans *Euphoria*, la sexualité féminine est intrinsèquement liée à l'hypersexualisation du corps. Rue et Lexi sont les deux seuls personnages féminins qui n'ont pas, de ce fait, au cours de cette première saison, de rapports sexuels. Il est possible d'ailleurs d'imaginer que Lexi est vierge puisque aucune relation ne lui est connue, si l'on excepte le baiser qu'elle a échangé, lorsqu'elle était un peu plus jeune, avec Rue. Sam Levinson dénonce implicitement les injonctions à la féminité en interrogeant le regard que les jeunes filles portent sur leurs corps. Cassie a besoin d'entendre, de la bouche des autres, qu'il s'agisse de ses parents, de ses amis ou même d'inconnus, qu'elle est belle tandis que Kat se crée, par, l'intermédiaire de la pornographie BDSM, une nouvelle identité. Le corps féminin, pour être attirant, notamment aux yeux des hommes, doit être mis en scène et donc, pour reprendre les propos de Judith Butler, performer une vision stéréotypée de la féminité. Rue et Lexi, en refusant de jouer un rôle qu'elles jugent, sans doute, caricatural, rejettent le regard masculin. Elles ne ressentent pas le besoin d'être désirées et peuvent être perçues comme potentiellement asexuelles. Rue, follement amoureuse de Jules, serait même homoromantique ou panromantique. Elle pourrait éprouver des sentiments amoureux pour une personne du même genre qu'elle, ou de n'importe quel autre genre, sans pour autant exprimer le besoin d'avoir des relations sexuelles avec elle. *Euphoria* ne traite pas directement de la question de l'orientation romantique mais laisse entrevoir que l'amour n'est pas forcément lié à l'attraction sexuelle. L'histoire d'amour entre Rue et Jules, dont les initiales des prénoms font référence à Roméo et Juliette, les célèbres amants de Vérone, est la plus pure et la plus sincère de toute la série. Ce ne sont pas les parents des deux amantes qui, comme chez Shakespeare, sont ici un frein à leur relation mais les addictions de Rue et le désir d'émancipation de Jules. Dans le dernier épisode de la première saison, Jules quitte la ville laissant Rue, qui a été incapable de monter dans le train avec elle, seule avec ses démons. Les deux épisodes spéciaux reviendront, à travers le point de vue de Rue, dans le premier épisode, et celui de Jules, dans le second, sur cet événement. La série, en se recentrant davantage sur ces deux protagonistes, laisse entrevoir une suite à cette relation passionnelle.

Si elle reprend certains *topoï* du *teen drama* (les fêtes arrosées, la perte de la virginité ou encore les conflits entre parents et enfants), *Euphoria* expose le mal-être d'une génération qui, à l'image de Rue, née trois jours après le 11 Septembre, a grandi avec la peur du terrorisme, de la montée des extrêmes, des fusillades dans les écoles, du cyber harcèlement ou encore de l'aggravation du réchauffement climatique. Les premiers plans d'*Euphoria* montrait Rue, dans les bras de sa mère, fixer l'écran de télévision montrant l'effondrement des tours jumelles, instaurant, in *medias res*, une certaine gravité à une série à laquelle on a pu, paradoxalement, reprocher son manque de réalisme. Levinson a rétorqué à ses détracteurs que le seul réalisme qui l'intéresse est le réalisme émotionnel. Dans une interview pour le site *Vulture*, il a même démontré que l'artifice, à en croire l'avis du public, n'est en rien un frein à l'émergence d'une certaine forme de vérité :

> Non, les ados ne se maquillent pas de manière si extravagante, etc. Mais en même temps, les gens persistent à dire à quel point la série semble vraie, ce qui crée un paradoxe intéressant[10].

Volontairement outrancière, de par ses partis pris esthétiques comme narratifs, *Euphoria* permet aussi à Zendaya, plus jeune lauréate du prix de la meilleure actrice dans une série dramatique de toute l'histoire des Emmy Awards, de déconstruire son image formatée de starlette Disney.

10   Sam Levison interviewé par Matt Zoller Seitz, « Why *Euphoria* Feels So Real, Even When It Isn't Realistic », *Vulture*, 24 août 2019 https://www.vulture.com/2019/08/euphoria-sam-levinson-filmmaking-influences.html (consulté le 18/07/2021).

De Britney Spears à Bella Thorne, en passant par Miley Cyrus ou encore Vanessa Hudgens et Selena Gomez, les interprètes du subversif *Spring Breakers*, réalisé par Harmony Korine, en 2012, les anciennes adolescentes stars des programmes Disney ont fait leur mue d'adulte, en proposant, à leur public, des contenus beaucoup plus sulfureux. Zendaya, également co-vedette avec Tom Holland, de la dernière franchise de *Spider-man*, se démarque néanmoins de ses prédécesseures, par son refus d'exposer son corps comme un objet de désir sexuel. Rue est le seul personnage d'*Euphoria*, avec, peut-être, Lexi, interprété par Maud Apatow, à ne pas succomber aux injonctions du *male gaze*. Zendaya joue ainsi avec les attentes d'un public habitué à voir, depuis le début des années 2000, la métamorphose de jeunes filles virginales en créatures à la sexualité agressive. Elle fait corps avec une série qui s'amuse aussi à surprendre ses spectateurs en faisant varier à la fois les genres et les registres. La fin de la première saison se présente ainsi comme un incroyable show musical, une mise en scène symbolique des souffrances de Rue qui trébuche, dans sa maison puis à l'extérieur dans sa rue de banlieue, en entonnant les paroles du titre *All For Us* de *Labrinth*. *Euphoria* quitte alors, à cet instant, les sphères du *teen drama* pour devenir un chant du cygne d'une beauté crépusculaire.

Fabien DEMANGEOT

BOJACK HORSEMAN, OU LA RECHERCHE DU BONHEUR IMPOSSIBLE

> Quand vous regardez quelqu'un à tra-
> vers des lunettes roses, tous les drapeaux
> rouges ressemblent à des drapeaux.

En 2010, l'écrivain Raphael Bob-Waksberg quitte New York pour s'installer à Los Angeles. Il habite quelques mois chez un ami, dans une petite chambre dont la vue donne sur tout Hollywood. Devant ce spectacle, il éprouve une émotion contrastée. Celle d'être au centre du monde, mais aussi de n'avoir jamais été aussi seul et isolé. Lui vient alors l'idée d'une série d'animation : *BoJack the Depressed Talking Horse, Bojack, le cheval déprimé qui parle.*

Elle verra le jour sous le titre *BoJack Horseman*, et sera diffusée sur Netflix à partir du 22 août 2014. La série comptera six saisons et soixante-dix-huit épisodes et nous fera toucher, comme rarement une œuvre de fiction, la frontière entre le rire et les pleurs, entre le comique et le tragique, s'érigeant comme modèle de « dramédie » (contraction de drame et de comédie) ou de « sadcom » (sitcom triste). À son propos, le très sérieux journal anglais *The Guardian* se demandera si *BoJack Horseman* est la comédie la plus triste jamais réalisée[1]. Le magazine américain *Rolling Stone* interrogera quant à lui : « Comment *BoJack Horseman* est devenue la plus drôle des séries les plus tristes[2] ? »

Ces questions peuvent surprendre. *BoJack Horseman*[3] se présente comme un dessin animé[4] décalé, mêlant animaux anthropomorphes et humains dans

---

1   *The Guardian*, juillet 2016. « Is BoJack Horseman the saddest comedy show ever ? »
2   *Rolling Stone*, juillet 2016. « How BoJack Horseman became TV's funniest, saddest show ? »
3   Dans cet article nous distinguerons *BoJack Horseman* la série de BoJack, le personnage éponyme.
4   Les dessins sont de l'autrice de bande dessinée et illustratrice, Lisa Hanawalt.

des intrigues farfelues et largement irréalistes. Les personnages connaissent des failles biographiques mais ne se présentent pas sous un jour particulièrement dramatique. BoJack est un cheval alcoolique et drogué, ancienne star d'une sitcom culte des années 1990. Il demeure dans une grande villa avec piscine sur les hauteurs d'Hollywoo(d)[5]. Todd, un jeune homme enjoué et fantasque, squatte son canapé et élabore des aventures, quand il ne se fait pas rabrouer par BoJack. Diane est une écrivaine humaine, engagée par l'éditeur Pinky Penguin[6] pour aider BoJack à écrire ses mémoires. Elle partage avec BoJack un caractère insatisfait, et ses traits ne sont pas sans nous rappeler l'héroïne de la série animée *Daria*. Elle est en couple avec Mister Peanut Butter, un chien fou-fou et sympathique, lui-même célébrité cathodique. Enfin, l'agente de BoJack, Princess Carolyn est une chatte à forte personnalité, quadragénaire qui a tout donné à son travail et ses clients au détriment de son projet de fonder une famille.

Alors comment ça marche ? Pourquoi cette série d'animation humano-animalière est, peut-être, la comédie la plus triste jamais réalisée ?

Dans cet article nous verrons que la réponse à ces questions repose dans le traitement du thème principal de la série : la recherche du bonheur. Cette quête est fondamentale dans la société américaine[7]. Dans *BoJack Horseman*, elle est le moteur de tous les personnages à l'exception peut-être de Mister Peanut Butter qui baigne déjà dedans. Nous nous concentrerons ici sur celle qui est la plus développée dans la série, la poursuite du bonheur par BoJack.

Le spectateur comprend rapidement que BoJack est un personnage malheureux, sujet à une humeur instable et traversé par des phases de dépression. Il ne s'est toutefois pas résigné à son affliction. À plusieurs

---

5   Hollywood perd son « D » quand BoJack le vole pour l'offrir à Diane au mitan de la première saison. Dès lors, ce célèbre quartier de Los Angeles sera dénommé Hollywoo et ses habitants des Hollywooiens…

6   Penguin Books est une maison d'édition britannique très présente dans la publication de livres sur le marché américain. Que l'éditeur soit campé par un pingouin dans *BoJack Horseman* est représentatif des nombreuses références et clin d'œil humoristiques auxquels se livre la série.

7   La poursuite du bonheur est un droit constitutionnel aux États-Unis. Elle figure dans la déclaration d'indépendance du 4 juillet 1776 au même titre que les droits à la vie et à la liberté.

reprises, il décide de changements profonds dans son existence pour atteindre une vie heureuse. Il écoute des leçons de développement personnel (S02E01), il entreprend des voyages pour rompre avec Los Angeles (S02E11 et S03E11) et décide d'une cure (S06E01). Contrairement, par exemple, au personnage de Rick dans la série *Rick et Morty*[8], BoJack est un personnage optimiste. Il croit en la possibilité du bonheur. Sa peine est que celui-ci semble se refuser à lui. Chacune de ses tentatives pour se sentir mieux échoue, et même se retourne contre lui, l'entraînant vers un spleen encore plus profond dont il peinera à se sortir.

Survient la tentation de l'explication déterministe. BoJack serait maudit, le bonheur lui serait interdit et il ne pourrait rien faire contre cela. L'idée d'un certain fatalisme dans le malheur de BoJack est latente dans la série. Elle trouve son fondement dans son héritage familial : ses parents n'étaient pas heureux, jamais il ne pourra l'être.

Au début de la saison 2, BoJack reçoit un appel de sa mère Béatrice. Voilà ce qu'elle lui dit :

> Je sais que tu veux être heureux. Mais tu ne le seras jamais, je suis désolée. Ce n'est pas que de ta faute. Ton père et moi te l'avons transmise, cette laideur intérieure. Tu es mal né. [...] Tu peux remplir ta vie avec tout un tas de projets, tu auras toujours ce vide en toi[9].

Nous ne croyons pas en cette idée de malédiction au sens de l'intervention néfaste d'un destin supérieur. La première raison est que la série s'attarde durant plusieurs épisodes sur les dysfonctionnements de la famille de BoJack pour expliquer « cette laideur intérieure » évoquée par Béatrice. L'épisode 2 de la saison 4 raconte le retour de BoJack dans la maison d'été de ses grands-parents maternels, les Sugerman, propriétaires d'une importante sucrerie. À mesure qu'il répare la ruine qu'est devenue cette maison, des scènes du passé surgissent dans le présent. On assiste au départ du grand-oncle de BoJack à la Seconde Guerre mondiale, de laquelle il ne reviendra pas. La mère de BoJack vit une enfance douloureuse auprès de sa mère éplorée, dont on soignera le chagrin par lobotomie. Plus tard dans l'épisode 9 de la même saison,

---

8   Série d'animation pour adulte, souvent comparée à *BoJack Horseman* car elle aussi joue avec la frontière de la comédie et le drame. Rick est un sceptique, il se soucie davantage de la vérité que du bonheur.

9   S02E01.

Béatrice est promise à Corbin Creamerman, l'héritier d'une importante laiterie. Mais elle quitte le bal des prétendantes et rencontre, dans un bar, un auteur raté du nom de Butterscotch Horseman. Elle tombe enceinte et le couple décide de gagner la Californie. Ils habitent alors dans un petit appartement de San Francisco. Pour élever BoJack, Butterscotch et Béatrice doivent renoncer à leurs rêves de jeunesse et l'enfant cristalise leurs frustrations. Si la série prend le temps de revenir avec détails sur l'histoire familiale c'est justement pour nier l'idée que BoJack serait maudit. Il n'y a pas de nécessité des tares familiales dans la généalogie du malheur chez les Horseman, seulement des événements tragiques et des mauvais choix.

Nous ne croyons pas non plus au déterminisme du malheur de BoJack, parce que celui-ci résulte le plus souvent de décisions mal avisées ou de non-décisions. BoJack se montre souvent lâche et parfois méchant, mais il est aussi capable de courage et de bonté. Il dispose de son libre arbitre.

BOJACK ET LA SITCOM INDÉPASSABLE

Avant même le générique du premier épisode, la série débute par une scène de *Galipettes en famille* (*Horsin' Around* dans la version originale), une série B des années 1990, laquelle rendra notre héros célèbre. Dedans, BoJack campe un gentil cheval célibataire, qui devient père de famille lorsqu'il doit adopter trois orphelins humains. La scène d'ouverture est typique d'une sitcom tournée en studio avec public : mauvaises blagues suivies d'applaudissements nourris, musique au synthétiseur et embrassades générales pour clore l'épisode.

Nous revenons ensuite dans le présent, vingt ans après. BoJack est l'invité d'une émission télévisée. Il confesse alors être alcoolisé et s'exprime de manière grossière. Quand le présentateur lui demande pourquoi *Galipettes en famille* a connu un tel succès, il répond :

> Vous savez, quand on rentre du taf après une longue journée, tout ce qu'on veut c'est mater une petite série avec des gens sympas qui s'aiment. Et les téléspectateurs ils savent que, quoi qu'il arrive, à la fin des trente minutes, tout est bien qui finit bien.

C'est donc avec cette promesse que nous sommes jetés dans l'atmosphère extravagante de *BoJack Horseman*. Nous y retrouvons des marqueurs de la sitcom traditionnelle au ton léger : mise en scène simple et efficace, apartés lors des plans d'expositions qui contribuent à immerger le spectateur dans l'univers de la série[10]. Quant à l'humour, il y en a pour tous les goûts : humour de situation, répliques drôlement cruelles, vomissure de montagnes de barbe à papa, tirades mégalomaniaques, quiproquos et déjà une première scène d'anthologie à propos des droits de propriété d'un phoque vétéran d'Afghanistan sur une boîte de muffins (S01E02). À la fin de celle-ci, BoJack se défend de ses actes en confessant qu'il est incapable de se contrôler et se déteste. Le spectateur réalise que non, à la fin de chaque épisode, aussi drôle soit-il, tout ne sera pas bien qui finira bien.

Pour BoJack, le fait que dans la vraie vie les situations ne s'arrangent pas comme dans une sitcom est une difficulté indépassable.

> BoJack est devenu célèbre dans la vingtaine, il restera donc à jamais calé à cette époque. Une fois qu'on est devenu célèbre, on n'a plus besoin de grandir. Chaque star a ce qu'on appelle un âge de stagnation[11].

BoJack stagne, englué dans un passé qu'il croit glorieux.

Dans la première saison, il regarde en boucle de vieux épisodes de *Galipettes en famille*. La vision du bonheur qu'il a développé dans la suite de sa vie est étroitement liée à cette sitcom. Au moment de de sa diffusion, il était connu, il était acteur et il était chef de famille. Mais quand débute *BoJack Horseman*, il est de moins en moins connu, il n'a pas joué depuis longtemps et il n'est pas chef de famille.

Galipettes en Famille agit en miroir négatif de la vie de BoJack. Tout comme Mister Peanut Butter, double cathodique de BoJack est son reflet négatif, évoluant continuellement dans un univers joyeux et facile digne d'une sitcom (d'ailleurs sa vie est une télé-réalité). Pour Mister Peanut Butter, « si vous avez un bon état d'esprit, les rêves finissent toujours par se réaliser[12] ». Chez BoJack, c'est forcément plus compliqué.

---

10   Quand les plans d'exposition de *Friends* nous montrent un taxi jaune newyorkais ou la façade du Central Perk, *BoJack Horseman* propose une scène décalée avec les animaux anthropomorphes. Par exemple, un requin qui vient saluer un surfeur sur sa planche ou une vache serveuse dans un diner qui dépose un steak-frites sur la table d'un client honteux.

11   Propos de Kesley Jannings, réalisatrice du film *Secretariat* dans lequel joue BoJack (S02E02).

12   S02E06.

Il est convaincu qu'en redevenant celui qu'il était, il pourra atteindre le vrai bonheur. On retrouve cette idée de manière très explicite dans le générique de fin des épisodes :

> *Back in the 90s, I was in a very famous TV show. I'm BoJack the Horse, BoJack the Horse. Don't act like you don't know. And I'm trying to hold on to my past.*
>
> « Dans les années 90, je jouais dans une série télévisée très connue. Je suis BoJack le cheval. Ne faites pas semblant de l'ignorer. Et j'essaie de m'accrocher à mon passé. »

Ce retour vers *Galipettes en famille* se produira de nombreuses fois dans les différentes saisons. Elle constituera toujours un refuge pour BoJack mais aussi, de manière intéressante, pour d'autres personnages qui le rejoindront pour visionner des anciens épisodes avec lui, dans des moments où leur vie s'enlise. C'est le cas par exemple de Diane (S02E10) et de Sarah Lynn (S03E11). La sitcom est un palliatif, un ersatz de vie heureuse quand celle-ci se refuse aux personnages.

GLOIRE, ACTING ET PATERNITÉ

Les premières saisons de *BoJack Horseman* présentent les tentatives de BoJack pour renouer avec le cheval adulé de *Galipettes en famille*. Cela s'opère de manière graduelle notamment dans les trois premières saisons. D'abord retrouver la gloire passée, puis l'activité passée (le jeu de l'acteur), et enfin le rôle passé, celui du père. Les trois saisons sont d'ailleurs construites de manière relativement similaire et la narration est de plus en plus serrée sur BoJack, à mesure qu'on se rapproche du dénouement. L'épisode 11, l'avant dernier, marque l'instant critique, celui où BoJack prend conscience de son échec. L'épisode 12 lui ouvre une porte de sortie, la preuve qu'en dépit des débâcles, le bonheur est encore un but atteignable.

Dans la première saison, le spectateur comprend rapidement que pour BoJack, le seul mode d'existence est la célébrité. Au fond, il n'existait que lorsqu'il était le cheval de *Galipettes en famille*. Le reste n'est que vacuité. Il décide alors d'écrire ses mémoires pour que tout le monde se souvienne de lui. Ce choix n'est pas anodin, l'écriture biographique est un moyen de revenir sur ses débuts à Hollywood, d'enfiler à nouveau ses habits de star du petit écran. Écrire sa biographie signifie pour BoJack, redevenir le personnage de la sitcom des années 1990.

Quand Diane est engagée pour l'aider dans cette tâche littéraire, elle comprend que BoJack ne veut pas se livrer à l'exercice. Il attend qu'elle écrive une hagiographie. Quand il réalise qu'elle n'en fera rien, il décide de reprendre ce projet en main mais est incapable de rédiger la moindre ligne sur sa vie triomphale. Finalement, la version de Diane est un best-seller[13]. Les gens reconnaissent de nouveau BoJack, mais dans son imperfection. Son vœu de gloire lui échappe, ne prend pas la tournure escomptée. Il reste le cheval de *Galipettes en famille* mais devient aussi l'objet de moquerie à cause d'épisodes peu glorieux relatés dans le livre.

Quand dans une salle vide, l'éditeur Pinky Penguin présente le premier congrès annuel des écrivains fantômes (S01E11), BoJack surgit de derrière un siège et prend enfin conscience que ce n'est pas la célébrité qui importe mais la qualité de l'existence qu'il mène. Il demande à Diane de lui dire qu'il est quelqu'un de bien, en dépit de son égoïsme, de son narcissisme et de sa propension à l'autodestruction. Il insiste, intime à Diane de lui dire qu'il est quelqu'un de bien. Elle ne répond pas (S01E11).

La question de la gloire passée de BoJack se règle quand il se voit attribuer le rôle de ses rêves : incarner Secretariat, le plus grand cheval de course de sa génération, son héros d'enfance. Il franchit alors une étape supérieure dans sa mission de redevenir le cheval qu'il était. Cette fois, il est acteur, et dans un film prestigieux. Il doute de lui mais son talent est reconnu[14], notamment par Kesley Jannings, la réalisatrice du film. Il est même pressenti pour gagner un Oscar. Le bonheur ne vient pas pour autant, en atteste ce dialogue absurde avec Diane dans l'épisode 10 de la saison 3 :

> — Tu vas gagner cet Oscar, prononcer ton discours, et tu rentreras chez toi. Et tu te sentiras tellement misérable que tu voudras te suicider. Et il n'y aura plus personne pour t'arrêter.
> — Personne ne sera là quand je me suiciderai ? Écoute Diane ! Écoute-les chanter ! Il y aura plein de gens autour de moi quand je me suiciderai !

---

13 BoJack gagnera même, à sa propre surprise, un Golden Globe pour ce bouquin dans la catégorie « Best Comedy or Musical » (S01E12).
14 S02E09 BoJack s'inquiète : « Je sais ce que vous allez dire. Je suis un acteur de sitcom et c'est ma dernière chance. »

Enfin, la paternité est un enjeu majeur de la série. Il s'agit peut-être de l'effet miroir le plus violent pour BoJack. Bien qu'il prétende ne pas vouloir être père (il est terrifié à l'idée que la jeune jument Hollyhock puisse être sa fille[15]), il juge cela normal d'avoir des enfants à son âge et se sent gêné quand il évoque le sujet avec Charlotte, une amie de jeunesse avec qui il s'est imaginé fonder une famille[16]. Plusieurs éléments indiquent que son rapport à la paternité est éminemment complexe chez BoJack. Par deux fois, avec Sarah Lynn (S01E03) et avec Penny, la fille de Charlotte (S02E11), BoJack a (ou est sur le point d'avoir) une relation sexuelle dont la nature apparait incestueuse ; Sarah Lynn est sa fille adoptive dans *Galipettes en famille*, et il a rêvé d'une fille avec Charlotte qui ressemble à Penny (S01E11). Ces deux évènements font l'objet de puissants regrets de la part de BoJack et le hanteront toute la série.

L'épisode 3 de la saison 4, *Comme un poisson hors de l'eau* (*Fish out of water*) offre au contraire une vision d'un BoJack protecteur et attentionné envers un bébé hippocampe (*seahorse* en anglais, cheval de mer). Cet épisode muet, salué par la critique, montre que BoJack a toutes les capacités pour être père. C'est encore le cas, plus tard, dans la saison 6, lorsqu'il se comporte avec Hollyhock davantage comme un père que comme un frère.

Les souvenirs d'un père abusif (S01, E02 et E05 ; S05E06 ; S06E01) ont certainement provoqué chez BoJack un blocage, l'incitant à ne pas tenir ce rôle à son tour. Mais il est surtout victime du syndrome de Peter Pan qui le rend inapte à assumer les responsabilités qui étaient pourtant les siennes dans *Galipettes en famille*.

En résumé, BoJack ne peut être le père du passé en voulant être le cheval du passé.

Cette aporie est généralisable à l'ensemble des actes de BoJack dans sa quête du bonheur. BoJack ne peut être heureux en voulant redevenir le personnage heureux de sa sitcom. Il est à la poursuite d'un bonheur impossible.

---

15 S04E03.
16 S02E11.

VOUS ÊTES BOJACK HORSEMAN

Flash-Back : en 2007 BoJack s'associe avec le producteur Cuddlywhiskers pour écrire une nouvelle série. Ils veulent créer un show nouveau et moderne qui rompe avec la carrière passée de BoJack et, plus généralement, la production télévisuelle classique. Cette série intitulée *BoJack Horseman*, débute par une scène où BoJack « coule un bronze » sur une cassette VHS de *Galipettes en famille*. Mais juste avant la diffusion du premier épisode, BoJack hésite, il ne veut plus renier sa sitcom passé, prétendant qu'elle était parfaite.

Cuddlywhiskers répond :

> Je sais que les gens s'en souviendront. Crois-moi, dans 5 ou 10 ans, on t'associera avec cette série et tu seras fier parce qu'elle est réelle. [...] Moi je suis prêt à parier sur *BoJack Horseman*[17]

La série *BoJack Horseman*[18] est particulièrement méta, en ce sens qu'elle élabore continuellement une réflexion sur elle-même et ses personnages. Nous regardons BoJack qui regarde BoJack. Et convenons-en, à mesure que BoJack fait un examen de conscience, nous regardons BoJack qui regarde BoJack regarder BoJack. Cela est mis en scène symboliquement dans l'épisode 11 de la saison 5, avec la dérive du ballon géant de Philbert, un personnage d'inspecteur interprété par BoJack. Le ballon publicitaire s'est décroché et vogue dans le ciel pour finir par fixer son comédien, dans un décor bleuté où l'espace est comme aboli. Cet aspect méta est pratique car il fournit de nombreuses clefs de décryptage sur la série. Dans la réplique de Cuddlywhiskers que nous rapportons ci-dessus, il est particulièrement intéressant qu'il qualifie sa série de « réelle », notamment parce qu'elle est en opposition avec les sitcoms traditionnelles, au premier rang desquelles *Galipettes en famille*.

En effet, si la poursuite du bonheur tel que présenté dans *Galipettes en famille* est impossible, c'est parce que ce bonheur est faux. C'est le bonheur fictif de la télévision :

---

17 S03E02. Cette série n'a pas connu le succès si on en croit la transformation du générique de fin de l'épisode : « Back in 07, I was in an unsucessful TV show ».

18 Celle de Raphael Bob-Waksberg, pas celle de Cuddlywhiskers...

MISTER PEANUT BUTTER. — Je ne pense pas qu'on puisse résoudre ce problème en une demi-heure.

WANDA[19]. — Je vous rappelle que nous faisons de la télévision, c'est notre métier de résoudre les problèmes en une demi-heure[20].

Par opposition, les tribulations de BoJack apparaissent conformes à une certaine réalité constituée d'échecs et de réussites. Non, tout n'est pas bien qui finit bien dans *BoJack Horseman*, mais tant qu'il y a de la vie, il est possible de se sortir des ornières, aussi sombres soient-elles. À ce titre, les deux derniers épisodes de la série[21] se répondent avec une formidable justesse. On peut avoir eu un pied dans la tombe et finir par se dire que « c'était bien, le temps que ça a duré ». Là réside le magnifique tour de force de la série. En construisant son personnage en miroir négatif d'un personnage de sitcom, une série animée mêlant humains et animaux, largement déjantée et irréaliste, parvient à créer un personnage aux émotions apparemment réelles avec lequel l'empathie est possible.

Si la comédie peut se satisfaire de l'irréalité, le drame a besoin de se déployer dans une certaine vérité pour convaincre. *BoJack Horseman* réconcilie cet antagonisme.

Dans l'épisode 7 de la saison 3, les concepteurs du film *Secretariat* recherchent une affiche pour sa promotion. BoJack propose un miroir sur lequel est écrit : « You are Secretariat » (« Vous êtes Secretariat »). Il défend que chacun peut se retrouver en Secretariat, un cheval de course capable des plus belles prouesses mais aussi d'erreurs fatales.

BoJack Horseman est une série drôle et déprimante, parce que, chacun à notre manière, nous sommes *BoJack Horseman*.

Édouard JOUSSELIN

---

19   Petite amie de BoJack Horseman dans la saison 2 et productrice de télévision.
20   S02E08.
21   L'épisode 15 de la saison 6 est un adieu aux morts de la série, poétique et spectaculaire dans sa mise en scène, le 16 est un au revoir pudique et simple aux vivants.

TIN STAR ET GOLIATH
OU L'HOMME CATACLYSMIQUE

Le monde des séries est un univers en pleine expansion et, pour qu'elles puissent garder du sens, il est sans cesse question de conquérir de nouveaux publics à travers de nouveaux types de séries. Pour cela, même les genres maintes fois explorés ont été transformés par des trames narratives inédites, de nouvelles personnalités pour les personnages principaux et secondaires, et, au fond, de nouvelles interrogations sur le but même poursuivi par la série dans ce qu'elle nous dit de l'époque actuelle. Dans le monde de l'image filmée, les deux dernières décennies ont permis d'assister à l'inversion d'un paradigme entre séries et cinéma. Ce dernier donne aujourd'hui le spectacle d'une inflation de suites, de *remakes*, de *reboots*, de *prequels* ou de mise en scène de personnages issus de franchises, afin de sécuriser des investissements de centaines de millions, tandis que les séries sont sous une injonction d'innovation constante. Cela n'exclut pas que quelques séries récentes s'inscrivent dans des franchises (*Bone collector* ou *Lethal Weapon*, par exemple), mais force est de constater que c'est désormais dans le monde des séries que de nouvelles transgressions scénaristiques et narratives se font.

Et si l'innovation est aujourd'hui l'une des caractéristiques majeures des séries par rapport au cinéma, cela tient notamment à une dynamique concurrentielle forte entre les chaînes qui vont diffuser les séries. Cela amène à des exigences elles aussi très fortes en matière de réalisation, de qualité de photo, de casting... Ce n'est donc pas par hasard que ces séries sont toutes deux des créations de productions aux moyens très conséquents, Sky (qui était encore dans l'empire Murdoch à sa création) pour *Tin Star* et Amazon pour *Goliath*.

Produits de cette injonction – en ce qu'elles bouleversent pour une part l'échelle de valeurs tandis que les moyens ont été mis au bénéfice de la production deux séries, *Tin Star* et *Goliath*, respectivement anglaise et américaine, que nous nous proposons d'étudier.

Ces deux séries sont remarquables pour les raisons « classiques » qui font la qualité d'une série (mise en scène, photo, scénario, casting, montage…), mais aussi parce que cette qualité est mise au service d'une philosophie beaucoup moins « classique ». En effet, si ces séries sont « morales » en ce qu'il y a une distinction perceptible entre le bien et le mal, elles détonent par leur tendance profonde à considérer que l'humain est devenu un problème, sans vraiment savoir s'il peut – ou doit – faire partie de la solution. Ces séries ayant fait le choix d'être sinon disruptives au moins très inhabituelles dans leur approche scénaristique, elles ont fait appel à des acteurs reconnus dans les rôles principaux, en l'espèce Tim Roth dans *Tin Star* et Billy Bob Thornton dans *Goliath*, afin d'attirer un premier public acquis à ces stars habituées à des rôles inattendus et/ou excessifs.

Après une courte présentation des deux séries et de leurs aspirations, il sera question des moyens matériels et humains au service de ces deux séries. Une fois cela posé, l'utilisation de la beauté de paysages comme contraste avec la laideur des faits humains sera interrogée : comment ce qui devrait être préservé est inévitablement gâché ? Il s'agit alors de poser quelques hypothèses afin de décrypter les propos centraux et plus périphériques de ces fictions. Ces séries policières invitent à réfléchir aux indépassables passés de ses personnages principaux, à la probable impossibilité de l'Humain à se racheter, et donc aux sacrifices nécessaires et aux ressorts d'une rédemption. Ce sont ces interrogations, peut-être trop tardives, qui font de ces fictions un miroir d'une angoisse réelle de ce début de siècle : à quoi le capitalisme condamne-t-il la planète et ses habitants ?

SEPT SAISONS DANS L'ENFER
D'UN MONDE PRISONNIER DES INTÉRÊTS PRIVÉS

Tin Star est en trois saisons avec 26 épisodes en tout, 10 pour chacune des deux premières saisons et 6 pour la dernière. Son premier épisode a été diffusé en septembre 2017. *Goliath* dont le tout premier épisode a été diffusé en octobre 2016, est, elle, en 32 épisodes avec 8 épisodes par saison. La quatrième et ultime saison est disponible sur Amazon Prime depuis le 24 septembre 2021.

Afin de comprendre le « propos » de ces séries, il est intéressant d'étudier leur titre. *Tin Star*, l'étoile d'étain, représente l'étoile de shérif. Peut-être faut-il voir là un contrepied par rapport à autre série qui avait pour titre le symbole de l'appartenance aux forces de l'ordre, *The Shield*, le bouclier qui empêchait – plus ou moins – des policiers corrompus d'être confrontés à la justice, tout en bénéficiant d'une protection vis-à-vis des criminels qu'ils poursuivent grâce à ce même bouclier. Dans le cas présent, la série va montrer que l'étoile de shérif ne brille pas, pas plus qu'elle protège. D'ailleurs comment le pourrait-elle puisqu'elle est en étain ? Aussi le *showrunner*, Rowan Joffé, a clairement voulu indiquer que sa série s'inscrit dans le champ de la fiction policière, sans que cela soit reluisant.

Quant à *Goliath*, la série tire évidemment son nom du géant philistin « de six coudées et un empan » soit près de 2,90 m. L'*Ancien Testament* relate que David l'a vaincu avec une fronde et une pierre placée en plein front. La série veut donc consacrer l'allégorie de la supériorité d'une arme de jet maniée avec précision par un berger, à la force brute d'un géant maniant la lance. Afin de lever toute ambiguïté, le *trailer* de la première saison se concluait par « *every giant has its weakness* ». Concrètement, la série suit un avocat qui, parce qu'il est un fin connaisseur du droit, de la procédure et de ses vicissitudes, va abattre un « Goliath » à chaque saison.

Cette incise sur les titres donne à voir le cadre narratif dans lequel ces séries s'inscrivent. Sans proclamer directement une situation désespérée indépassable, la désignation d'une étoile qui ne brille pas et un dangereux géant biblique à abattre sont de nature à indiquer que ce n'est pas l'optimisme qui préside aux destinées des personnages.

En ce qui concerne *Tin Star*, l'intrigue de la première saison est centrée sur Jim Worth (incarné par Tim Roth), ancien policier anglais installé récemment avec sa famille au Canada à Little Big Bear, petite ville des montagnes rocheuses en tant que chef de la police locale. L'action commence avec une mort inexpliquée dans le contexte de l'installation d'une raffinerie de pétrole. Toute la tranquillité et la sérénité acquises vont voler en éclat poussant le héros et sa femme à renouer avec tout ce qu'ils avaient voulu rompre en quittant le Royaume-Uni. Parmi les raisons de leur départ, une gestion très extrême de l'adversité est centrale : Jim Worth, policier infiltré dans une bande criminelle a développé une deuxième personnalité ultraviolente liée à son alcoolisme. Au terme de cette première saison, restant au Canada, Jim Worth fuit avec sa femme et sa fille, dans une communauté chrétienne à la morale discutable. Tout s'achève dans un règlement de comptes qui voit le trio revenir à Liverpool pour en finir avec ceux qui les menaçaient depuis la première saison et les avaient obligés à s'exiler.

La série *Goliath* commence aussi sur la base d'un exil professionnel mais sans réel déracinement lié à la distance. À Santa Monica, Billy Mc Bride, incarné par Billy Bob Thornton, est un avocat alcoolique dont le cabinet est installé dans une chambre de motel à côté du bar où il s'enivre quotidiennement et reçoit occasionnellement des clients. Mc Bride a été évincé du cabinet qui porte encore son nom avec celui de son ex-associé, Cooperman, cabinet dans lequel travaille encore son ex-femme, mère de sa fille. Même déchu, il reste précédé par sa réputation : celui qui fût – et peut donc être à nouveau – le meilleur avocat. Une femme parvient à le persuader de l'accepter en tant que cliente et poursuivre celles et ceux qui sont responsables de la mort de son frère suite à l'explosion de son bateau en pleine mer. Pour elle, cette mort n'est pas accidentelle et est liée à son activité au sein d'une multinationale militaro-industrielle. Ce premier « Goliath » est défendu par Cooperman & Mc Bride, ce qui est l'occasion de poser la question de savoir qui préside vraiment aux destinées de ce type de compagnie. Dans la deuxième saison, Mc Bride va affronter un promoteur immobilier associé à un malfrat mexicain psychopathe, dans le contexte d'une élection municipale à Los Angeles dont la principale candidate a une liaison avec le héros. La troisième saison traite, elle, de la pénurie d'eau qui assèche des terrains et les fragilise au point de s'écrouler, parce que cette eau est détournée au bénéfice de cultures agroalimentaires ayant des débouchés dans la cosmétique. La quatrième et ultime saison se déroule à San Francisco et met en scène un affrontement avec un géant pharmaceutique vendant des opioïdes.

DE GROS MOYENS AU SERVICE DE TALENTS SINGULIERS

Ces séries n'ont pas formellement de lien autre que celui d'être plutôt récentes (puisque diffusées à partir de 2016) et de vouloir parler de l'époque. Pourtant elles accumulent les points communs tant dans leur structure que dans leur intention. Cela commence par le choix de *showrunners* expérimentés. *Tin Star* est emmenée par Rowan Joffé et *Goliath* par Lawrence Trilling.

En ce qui concerne Rowan Joffé, il a été le scénariste de *28 semaines plus tard* (2007), suite de *28 jours plus tard* de Danny Boyle et plus récemment de *The Informer* (2020). Pour *Tin Star*, il a d'abord été le scénariste principal sur les deux premières saisons de la série et réalisateur de nombreux épisodes, pour en devenir le *showrunner* en titre sur la saison 3. Il fut aussi le scénariste de *The American* (2010) avec Georges Clooney, film dont le rythme est volontairement contraire aux films d'action et dont le magnifique cadre, servi par des paysages italiens ensoleillés, va être « souillé » par la chasse dont le héros, tueur professionnel en rupture de ban, est l'objet. Sans tisser automatiquement un lien et peut-être est-ce seulement anecdotique, il est à noter que Rowan est le fils du réalisateur Roland Joffé, palme d'or à Cannes en 1986 pour *Mission* avec Robert de Niro et Jeremy Irons, film qui posait la question de la rédemption d'un chasseur d'esclave, de la colonisation religieuse et politique et ses conséquences inévitablement meurtrières.

Goliath est une création de David E. Kelley et Jonathan Shapiro – tous deux anciens avocats, scénaristes très portés sur les séries judiciaires et policières (*The Pratice, Ally McBeal, Boston Public*) – et a été supervisée par Lawrence Trilling à qui l'on doit notamment *Parenthood, Life, Alias, Sex Addicts*, séries dont le succès a marqué les dernières décennies aux États-Unis.

Ces choix indiquent à quel point les productions ont soigné le choix de l'encadrement de leur série. Le même soin a été apporté aux castings. Tim Roth et Billy Bob Thornton ne sont plus à présenter, même si les rôles respectivement dans *Lie to me* et dans la première saison de *Fargo* ont été de nature à mettre en évidence des talents singuliers. Dans *Tin Star*, outre les révélations de Genevieve O'Reilly et Abigail

Lawrie, qui incarnent Angela et Anna, épouse et fille de Tim Roth, il faut souligner la présence de Christina Hendricks – inoubliable Joan Holloway dans *Mad Men* et plus récemment Beth Boland dans *Good Girls* – dans le rôle d'une ancienne activiste écologiste devenue directrice de la communication de l'entreprise installant la raffinerie de pétrole à Little Big Bear. Il faut y ajouter Christopher Heyerdahl dont le physique longiligne impressionnait déjà dans *Hell on Wheels* et *Van Helsing*, qui sert totalement l'inquiétante froideur du directeur de la sécurité qu'il incarne. Dans la dernière saison, le retour à Liverpool permet l'arrivée de quelques nouveaux personnages dont Joanne Whalley, inoubliable Sorsha de *Willow*, et plus récemment excellente duchesse de Bourgogne issue des Medicis dans *White Princess*. Si ce casting est excellent, nous sommes néanmoins dans l'exercice assez classique du recrutement d'actrices et d'acteurs talentueux qui ne sont pas utilisés à contre-emploi.

Pour *Goliath*, Amazon a vraisemblablement voulu faire une démonstration de force dans le casting de ses « méchants » : ce sont ainsi William Hurt – dans toutes les saisons puisqu'il incarne Donald Cooperman, l'ancien associé de Mc Bride devenu sa Némésis –, Dennis Quaid et Beau Bridges dans la saison 3 et J.K. Simmons dans la saison 4. Mark Duplass et Manuel Garcia Rulfo – qui fut l'un des *Magnificent Seven* du remake de 2016 – gagnent quant à eux à être reconnus comme de très convaincants personnages totalement dépourvus de scrupules dans la saison 2. Soulignons enfin l'excellente Nina Arianda incarnant l'avocate associée de Mc Bride dans sa nouvelle vie, l'actrice avait aussi brillé dans *Billions* de Andrew Ross Sorkin.

L'ensemble de ces moyens, dont la réalisation donne à voir qu'ils sont conséquents, va servir un propos particulier : l'Humain, dont l'homme en premier lieu, doit se définir comme un danger.

LES PAYSAGES AU SERVICE D'UN MALAISE

Goliath a fait voyager le spectateur dans différents endroits de la Californie et au Mexique donnant à voir des paysages magnifiques. Comme dans *Tin Star*, il y a une volonté manifeste – qui se confond avec une licence artistique – de magnifier visuellement certains paysages afin de mieux servir une opposition entre la nature et les hommes : ces derniers menacent les beautés naturelles ou les équilibres précaires entre une présence humaine acceptable et son environnement. Il est aussi intéressant de noter que les ultimes saisons de ces séries se déroulent respectivement à San Francisco et Liverpool, comme s'il était nécessaire de revenir à Babylone pour faire face à celles et ceux qui ont souillé la terre nourricière.

Dans les deux premières saisons de *Tin Star*, à l'instar de *Goliath*, les réalisateurs sont coutumiers des plans larges de paysages encore sauvages, paisibles, ayant plus ou moins échappé à la main de l'homme comme l'Amérique en a encore.

Goliath a pour épicentre la Californie avec tout ce que cela suppose de soleil toute l'année, de lumière orangée de crépuscules et de présence de l'océan Pacifique, dont on ne saurait dire s'il est sujet aux marées puisqu'à n'importe quelle heure, la mer est toujours au même niveau de la plage. La première saison se déroule à Santa Monica, « sympathique petite bourgade » entourée par Los Angeles. Avec, dans la deuxième saison, quelques allers-retours au Mexique, l'hypothèse selon laquelle toute cette beauté est souillée par l'être humain est systématiquement confirmée. De ce point de vue, la saison certainement la plus significative est la troisième, dans laquelle la pénurie d'eau provoque de profonds affaissements de terres arables au bénéfice des profits à faire sur d'autres cultures. Il n'est pas question ici de louer une béatitude devant des paysages de carte postale au point de vouloir les conserver éternellement. Le temps a forcément prise sur tout, c'est seulement une question d'échelle. En revanche il est très intéressant de constater à quel point la série rend volontairement perceptible le choc de voir les sols se désagréger et notre Terre menacer d'imploser sur la base d'une simple action humaine de quelques décennies.

Tin Star est dans un propos peut-être plus modéré mais néanmoins similaire : dès lors qu'il y a une présence de l'Humain, alors le lieu, quel qu'il soit, est abîmé. Soit par la pollution momentanément provoquée. Soit par la pollution des êtres. Aussi paradoxal que cela puisse paraître, la conséquence implicite de cette grande beauté gâchée est de ne pas donner envie de se rendre dans ces magnifiques paysages. Contrairement à certaines séries qui sont une incitation à faire sa valise immédiatement, ces deux séries, par le malaise lié à l'interaction entre l'humain et son milieu, dissuadent de s'y rendre.

Car en matière de paysages ou de décors naturels, il y a une forme de cadre générique permettant de teinter des ambiances qui s'expliquent à la fois scénaristiquement et budgétairement. Dès lors que l'action prend place dans un lieu volontairement défini, le décor est le premier « agent d'ambiance » du support visuel et devient donc crucial. Les paysages seront post apocalyptiques et peu engageants, avec une nature qui reprend ses droits dans une série comme *The Walking Dead*. Ils seront sur une gamme de blanc, bleu, noir et rouge avec une forte surexposition de la photo pour mieux laisser passer les premiers rayons blancs d'un matin blême à travers quelques voiles déchirés dans une série comme *Van Helsing*. Ils seront suburbains ensoleillés pour *Desperate Housewives*, emplis d'une architecture plus ou moins néo-gothique avec des lumières sombres pour *Gotham*, urbains, américains et luxueux dans *Billions* et *Succession*, urbains, anglais et prolétaires dans *Peaky Blinders*, champêtres, nobles et britanniques dans *The Crown* et *Downtown Abbey*… Il est possible de continuer ainsi très longtemps, les surprises contrariant l'exercice de style sont excessivement rares.

Partant donc du constat que ce paradoxe entre la beauté et l'absence d'attraction pour s'y rendre devait être volontaire, la question qui en découlait était d'en connaître la raison. Et il apparaît que ces décors naturels sont magnifiés à la hauteur de la folie malsaine qui guide l'intrigue et les personnages.

L'HÉRITAGE FATAL DE L'ULTRALIBÉRALISME DES ANNÉES 80

Les deux séries sont à l'image du pessimisme de l'époque, elles se veulent, plus ou moins explicitement, l'expression de l'impasse humaine, économique, sociale et écologique de l'ultralibéralisme. Elles sont possiblement l'expression de la fin d'un cycle entamé dans les années 80, un cycle qui lui-même mettait fin à une forme de générosité des Trente Glorieuses en substituant, comme limite et comme but, l'enfermement des criminels par une nouvelle intransigeance consistant à supprimer simplement les criminels.

Ainsi en 1984, *Deux flics à Miami*, Sonny Crockett et Ricardo Tubbs, tiraient pour tuer des criminels. Ils signaient ainsi la fin définitive des 30 glorieuses qui avaient porté *Ironside* (*L'Homme de fer*), *Mannix, Hawaï 5-0, Columbo* ou encore *Starsky et Hutch*, et achevaient l'entrée des fictions policières dans les années Reagan. Ce changement installait la mort comme solution acceptable et régulière dans les séries policières. Elle avait pour conséquence inévitable que l'innovation à laquelle sont condamnés les scénaristes avait pour corollaire d'aller toujours plus loin dans ce qui est possible pour une série policière. L'une des nouvelles limites a été de faire flirter le héros avec la folie tout en restant, ou en prétendant rester, intègre et respectueux de ses missions. En la matière, les deux productions anglaises *Luther* et, plus récemment, *Marcella* sont à retenir comme des exemples ultimes très réussis. *Tin Star* est clairement dans cette descendance, car, au fond, elle est la résultante de cette possibilité. La série s'appuie d'ailleurs sur l'hypothèse selon laquelle un policier infiltré dans un réseau mafieux avec tout ce que cela suppose d'horreurs à voir et à commettre, dès lors qu'il aspire à rester empreint de compassion et d'empathie, est incapable de s'en sortir indemne et de reprendre une vie – plus ou moins – normale.

Cette violence légale appuyée sur un ultralibéralisme carnivore est résumée en 1987 lorsque Gordon Gecko, incarné par Michael Douglas, déclame doctement dans le film *Wall Street* d'Oliver Stone « *Greed is good* », qui signifie littéralement « l'avidité, c'est bien ». Le réalisateur souhaitait alors dénoncer l'avatar le plus avancé du capitalisme, le capitalisme financier qui, au nom de cet aphorisme, acceptait sans broncher de broyer des entreprises, des femmes et des hommes à travers des prises de part dans des capitaux pour mieux les revendre à la hausse après quelques « restructurations ». Cette dénonciation, aussi brillante soit-elle, avait eu un effet contraire imprévu : au lieu d'une détestation unanime, elle avait créé des *aficionados* de Gordon Gecko. 35 ans plus tard, *Goliath* constate le désastre : les disciples de Gecko ont creusé leur sillon.

Pour *Tin Star* et *Goliath*, nous en sommes là. Nous sommes entrés de plain-pied dans une société où les post-thatchérisme et post-reaganisme ont emporté la partie et ont installé un système à rebours de tout ce qui nourrissait les bonnes intentions et les rêves de l'après-guerre : *Welfare*

State, sécurité sociale, entente internationale, primat du politique, etc. Les plus forts et les plus violents règnent. Les héros doivent donc lutter pour restaurer LA justice là où ils le peuvent. Cette justice va devoir être à la hauteur de l'injustice subie. En la matière, les scénaristes ont décidé de « frapper fort ».

Pour *Tin Star*, cela commence donc par de superbes plans séquences, et le début d'une enquête sur un meurtre puis l'assassinat possible de celui qui est – normalement – le héros titre de la série. Le premier épisode se clôt par une mort. Certes Tim Roth est bien le personnage principal et il est vivant. Hors de cela, plus rien n'est certain. Dès lors, il n'est plus possible de présumer de l'endroit où *Tin Star* veut emmener son spectateur. C'est très certainement l'une des grandes forces de cette série : jamais la narration ne se soumet à ce qui est présumé comme attendu par le spectateur. Le scénario n'est pas fait pour plaire mais pour emmener. Dans les séries « classiques », le spectateur suit une succession d'incidents narratifs plus ou moins bien amenés jusqu'à leur résolution et, afin que cela soit une série, cela se conjugue avec une intrigue de fond qui donnera lieu à une réponse – plus ou moins acceptable – au terme de la saison. Dans *Tin Star*, dès la fin du premier épisode, il est clair que s'il doit y avoir une fin, elle ne pourra pas être « classique ». Le spectateur est donc convié à assister à la déchéance de ses certitudes à l'exception d'une seule : le pire est à venir. Toujours.

Au terme de cette première saison on en sait un peu plus sur le personnage de Tim Roth. Sauf qu'au regard de ce qu'il lui est arrivé, l'on en vient inévitablement à se demander pourquoi est-il encore en vie ? Plus précisément, puisque rien ne l'a tué, pourquoi ne se suicide-t-il pas puisque ce qu'il doit endurer est absolument insoutenable ? Et c'est au fond l'interrogation globale de *Tin Star* : étant donné le mal qui est fait, même au nom du bien, tout ce qui en adviendra ne fera qu'empirer la situation individuelle et globale, elle ne résoudra rien.

Goliath fait aussi appel à ce type de ressorts scénaristiques en ayant pour héros un homme talentueux pour qui l'alcool est la seule réponse aux malheurs du monde. Cela jette automatiquement une part d'ombre sur le héros. Cependant, à la différence de *Tin Star*, Billy Mc Bride n'est pas incité à retourner vers la boisson pour agir, puisqu'il est un excellent avocat lorsqu'il est sobre. Et c'est ce talent, peut-être cette conscience juridique aigüe des défaillances de la société, qui l'oblige à boire pour s'accommoder de la vie plutôt que d'y renoncer. La série s'emploie à montrer combien les intérêts objectifs destructeurs des grands groupes licites (promoteur, vendeur d'armes, dirigeants d'un gros cabinet, vendeur ou diffuseur de médicaments, producteur agricole) se lient facilement avec des intérêts illicites (drogues, enlèvement, violences, meurtres…) pour faire prospérer leur activité. Ces liaisons toutes autant dangereuses que naturelles amènent évidemment à des méthodes répréhensibles dès lors que leurs intérêts sont mis en cause. Cela donne lieu à quelques passages ou quelques rares épisodes qui, tout en servant parfaitement l'intrigue, sont « difficiles » à regarder[1], parce que le spectateur se voit contraint de regarder une scène malsaine ou parce que l'immersion est étouffante. Ces moments ne sont pas pour autant des excès en termes scénaristiques et servent le propos volontaire d'une société au bord de plusieurs gouffres, le malaise conforte le vertige.

Les deux héros sont constamment rattrapés par leur passé en tant qu'individu et en tant qu'humain, ce qui rend ces passés indépassables et, ce d'autant plus, que chaque saison est créatrice de nouveaux passés pesant sur eux. Ces derniers sont là pour apporter une solution à tout le mal qui a été semé. De ce point de vue, les deux séries ont aussi pour point commun d'envisager la fille adolescente de Jim Worth et celle de Billy Mc Bride comme la source de leur rédemption. C'est pour être accepté – ou acceptable – par leur fille que leur père se met en danger.

La noirceur manifeste des deux séries va d'ailleurs être renforcée par les libertés volontairement prises par le choix commun à chacune d'entre elle de tuer un potentiel héros ou une potentielle héroïne – faisant partie des personnages positifs de de la série – dès les deux premiers épisodes sans *comeback* miraculeux possible au cours d'épisodes ou saisons à suivre. Ce que *Battlestar Galactica* avait attendu de faire pendant quatre saisons et onze épisodes, ce que *Game of Thrones* accouche au terme de la saison 1 et du 9ᵉ épisode de la saison 3, les deux séries étudiées le font au cours des deux premiers épisodes. Cela a une vertu « pédagogique » forte ; au regard du ton de ces séries, s'attacher à un personnage, c'est prendre le risque d'être excessivement déçu.

---

1   Il faut particulièrement signaler l'épisode 7 de la saison 2, dans lequel Billy Mc Bride se réveille dans une maison au Mexique et y est retenu en otage, véritable exercice de style vertigineux.

Ces deux séries illustrent à leur manière, ces versets du Livre d'Ézechiel : « Les pères ont mangé des raisins verts, et les dents des enfants en ont été agacées ». Elles donnent aussi le sentiment d'une déception indépassable : il n'y aura pas d'avenir heureux et cela est prioritairement, voire exclusivement, dû aux humains.

La terrible ironie est que leur diffusion a commencé à l'aube de l'ère de la post-vérité trumpienne. Ainsi, s'il s'agit de faire prendre conscience du danger que peuvent représenter les avatars du libéralisme économique et ses corollaires ultra-violents pour celles et ceux susceptibles d'agir, il est à craindre qu'il soit d'ores et déjà trop tard. Celles et ceux déjà convaincus seront au mieux renforcés dans leur conviction. Celles et ceux, tenants des vérités alternatives, seront totalement réfractaires. Peut-être sommes-nous au crépuscule du cycle entamé dans les années 80. Cela impliquerait alors que nous allons assister à de nouvelles révolutions scénaristiques dans le monde des séries.

Guillaume MERZI

À LA CONQUÊTE DE LA SÉRIE

La Maison du mystère,
une œuvre ambitieuse et internationale

Affiche promotionnelle de *La Maison du mystère*, 1923.

Durant le confinement, la Cinémathèque française a créé la plateforme *Henri* pour mettre en ligne un certain nombre de films et œuvres rares issus de son fonds d'archives. Parmi cette sélection, se trouve un onglet intitulé « serial », ainsi nommé dans le monde anglo-saxon, alors qu'en France ce type de production était plutôt appelé film à épisodes, soit l'ancêtre de la série. Populaire et tourné au kilomètre, cet avant-programme était projeté en première partie de séance, et d'un seul tenant, avant le film principal pour lequel le public s'était déplacé.

Ainsi est-il possible de découvrir une série datant de 1922, au titre aussi évocateur que désuet, *La Maison du mystère* tourné par Alexandre Volkoff, réalisateur russe, dont le nom a moins bien traversé le temps que celui d'autres cinéastes de sa génération, comme F. W. Murnau, Fritz Lang, Raoul Walsh ou Charlie Chaplin.

Mais pour qui s'aventurera dans le visionnage des dix épisodes de *La Maison du mystère* (aux durées inégales, allant de 26 minutes à 52 minutes), il ne s'étonnera plus de l'importance et de la beauté de cette œuvre qui mérite toute sa place dans notre patrimoine, tant de l'histoire du cinéma que de celui de la série.

À notre époque, l'amateur de série, attend toujours plus d'inédit. La série « du moment » doit cartonner, être dans l'air du temps, avec un scénario particulièrement bien ficelé, supervisé le plus souvent par une armée de *showrunners* et directeurs de collection qui en développent la bible avec des personnages aux multiples visages, inattendus et complexes et un concept fort qui sous-tend les différentes saisons, autant d'éléments qui contribuent à une signature unique. Puis, souvent, une nouvelle série arrive, dont l'engouement attire de nouveaux spectateurs, rendant celle tant adorée, datée.

La série, au fil du temps s'est donc complexifiée, se démarquant du cinéma aussi par la façon dont elle se « fabrique ». Il existe le monde du cinéma et l'univers de la série. L'un et l'autre peuvent se croiser, mais construisent plutôt leur histoire dans des parcours parallèles. Sûrement aussi car leurs canaux de diffusion sont différents (télévision ou plate-formes VOD pour la série, grand écran – surtout, pour le cinéma).

Avec *La Maison du mystère*, ces différences n'existent pas encore. Cette série a été produite pour être projetée dans les théâtres-cinémas de l'époque et a été réalisée avec la même attention et de la même manière qu'un film. Le langage, du cinéma comme de la série, encore peu différenciés, en est toujours à ses rudiments et il s'invente et s'invite partout où il peut. C'est ainsi que, restauré en 1990 par René Lichtig, cette œuvre d'une durée de six heures est parvenue jusqu'à nous.

LE FILM À ÉPISODES,
DANS LA CONTINUITÉ DU ROMAN-FEUILLETON

La Maison du mystère est une adaptation du roman éponyme de Jules Mary (1851-1922), publié sous forme de feuilleton dans *Le Petit Parisien*, avant d'être repris et édité en un seul volume par Jules Tallandier en 1937. Entretemps, ce ciné-roman mélodramatique a été porté à l'écran par les studios Albatros en 1922 et a rencontré un immense succès public, se vantant même d'être « Le plus grand film français » comme indiqué sur l'affiche publicitaire de l'époque[1].

L'intrigue suit les mésaventures de Julien Villandrit (Ivan Mosjoukine), s'étalant sur une vingtaine d'années. L'action démarre avant la Première Guerre mondiale alors que Julien Villandrit, jeune industriel prospère dans le textile, s'apprête à se marier avec Régine de Bettigny (Hélène Darly). Mais Henri Corradin (Charles Vanel), associé et ami de Julien, lui aussi amoureux de Régine, tentera tout pour détruire le couple et prendre la place de Julien auprès de sa femme, ainsi qu'à la tête de son entreprise de filature. Accusé à tort de meurtre, Julien Villandrit mettra dix épisodes et mille vicissitudes à prouver son innocence, être réhabilité et retrouver sa famille et ses biens.

Cette trame, mêlant erreur judiciaire, mélo, trahisons et heureux dénouement, contient tous les ingrédients des romans populaires alors en vogue à la Belle Époque. Si le nom de Jules Mary, auteur prolifique est aujourd'hui tombé aux oubliettes, il a pourtant été un écrivain phare au début du XXe siècle, considéré même comme un véritable « industriel » de la littérature. Il s'inscrit dans la tradition des feuilletonistes, et de même que quelques-uns de ses illustres prédécesseurs, comme Honoré de Balzac, Alexandre Dumas, Eugène Sue… Il publie d'abord ses romans fleuves en « rez-de-chaussée » (demi-page inférieure d'un journal), avant qu'ils ne soient édités en volumes.

La vie de Jules Mary a presque plus d'intérêt que son œuvre, tant il semble lui-même sorti d'un de ses romans ou en être un héros. Né

---

1   Coray, Quentin, « La maison du mystère (Alexandre Volkoff, 1923) – Critique & Analyse », *À la rencontre du septième art*, 16/05/2020 https://alarencontreduseptiemeart.com/la-maison-du-mystere/.

dans les Ardennes, il poursuit sa scolarité à Charleville où il fait la rencontre d'un certain Arthur Rimbaud avec lequel il se lie d'amitié. Quelques années plus tard, venu tenter sa chance à Paris, il le recroise à nouveau ainsi qu'il l'écrira plus tard dans une lettre adressée à André Breton en 1919 :

> Je retrouvai Rimbaud après la guerre, à Paris. J'y étais très misérable. Il l'était autant que moi... Il demeurait alors dans une vaste chambre dont les deux uniques meubles étaient une table et un lit perdu au fond d'une alcôve de ténèbres... Je ne sais comment mon porte-monnaie contenait ce matin-là, une vingtaine de sous. Je l'emmenais déjeuner dans un restaurant tout proche où l'on avait droit pour 0,5 centime à une soupe, une portion de bouilli et un morceau de pain. Nous n'en mangions pas autant tous les jours[2].

S'ensuit pour le futur écrivain une période de bohême et de vaches maigres où il connaît la faim. Il finit par tomber d'inanition sur un banc, à Montmartre, mais heureusement un commerçant du quartier latin lui vient en aide. Il trouve peu après un emploi comme secrétaire dans un commissariat de police, ce qui lui permet d'accumuler une importante documentation sur les errements de la justice, sources probables de sa future inspiration. Puis la roue tourne et Jules Mary réussit à se faire publier et devient finalement le feuilletoniste attitré du *Petit Parisien* ou du *Petit Journal*. L'engouement populaire pour sa littérature le fit qualifier de « roi des feuilletonistes » et ses romans à succès (*La Pocharde, Roger la Honte*), furent adaptés autant au théâtre qu'au cinéma. Dans la foulée, il s'intéressa à son tour au cinéma, écrivant quelques scénarios adaptés de ses œuvres. Il contribua pour la Société des Gens de Lettres à l'élaboration du statut du « ciné-roman », qui désignait les films racontant une histoire sentimentale et dont la production avait pris de l'essor grâce à Pathé.

La thématique centrale qui obséda Jules Mary tout au long de son œuvre est celle de l'erreur judiciaire, qui était aussi un des courants dominants de la littérature populaire de l'époque, qualifié de « roman de la victime ». Il met fréquemment en scène des personnages injustement accusés et qui tentent, tout au long du récit, de prouver leur innocence. Cette dramaturgie paraît particulièrement bien adaptée à la forme du serial, permettant de multiples rebondissements, retournements

---

2   Roger Musnik, https://gallica.bnf.fr/blog/02082017/jules-mary-1851-1922

et révélations ainsi qu'un sentiment d'empathie avec le héros persécuté. Le plus intéressant reste son procédé d'écriture, très proche du journalisme. Il se déplace souvent en province pour retranscrire des faits divers qui lui serviront de matière pour étoffer ses récits. Il ancre ses drames dans un contexte social très documenté et fouillé, fidèle en cela à l'esthétique naturaliste, déjà bien mise au goût du jour par Émile Zola. Mais à la différence de ce dernier, en lutte contre l'injustice sociale et l'oppression bourgeoise, et dont les scandales littéraires ont régulièrement émaillé la publication de ses textes, Jules Mary prend bien soin de rester dans un certain conformisme moral, pour plaire à tous les publics. C'est d'ailleurs ce que relève Paul Féval (autre feuilletoniste oublié, renommé à l'époque) dans l'hommage qu'il fit lors de ses obsèques :

> Il eut pour client la multitude, l'amusa avec probité, repoussant tout mot, toute situation équivoque[3].

En remontant ainsi le cours du temps, il devient évident que la tradition littéraire du roman-feuilleton constitue un des ancêtres de la série, qui en serait finalement sa « transmédiatisation ». Et les écrivains, pour appâter et fidéliser leurs lecteurs, savaient déjà habilement manier l'art du *cliffhanger*, en instillant du suspense dans les dernières lignes de leur colonne en bas de page.

L'AVANT-GARDE DU CINÉMA
POUR UNE SÉRIE D'ENVERGURE

Dérivés des romans feuilletons, les séries font rapidement leur apparition avec l'invention du cinéma et sont un filon commercial juteux pour cette nouvelle industrie. « Nous voulons soustraire la cinématographie française à l'influence de Rocambole pour l'aiguiller vers de plus hautes destinées », déclarèrent Louis Feuillade et Léon Gaumont de concert[4].

---

3   *Ibidem.*
4   Sadoul, Georges, *Histoire du cinéma mondial*, Paris, Flammarion, 1990, p. 78.

Pourtant, devant les recettes générées par ce feuilleton, Gaumont fit entreprendre la série des *Fantômas*, tourné par Feuillade, en 1913, dont le succès fut là aussi retentissant et réconcilia succès public et engouement des intellectuels. Ainsi Max Jacob, s'enthousiasme pour cet homme masqué en habit narguant Paris qu'il qualifie de « *Nietzsche écrit pour les boniches*[5] ! »

C'est ainsi qu'après avoir été adapté deux fois au cinéma par Henri Étiévant (*La Pocharde* et *la Fille sauvage)*, qui ne laissèrent aucune trace marquante, ce fut au tour de *La Maison du mystère* d'être porté à l'écran, mais cette fois par le réalisateur russe Alexandre Volkoff (secondé par un autre réalisateur russe des studios Ermoliev, Viatcheslav Tourjansky, qui sera aussi l'assistant d'Abel Gance pour *Napoléon*, en 1927). Le tournage s'étale sur un an, de 1921 à 1922, après avoir été interrompu durant six mois, lorsqu'Ivan Mosjoukine, l'acteur principal, contracte la fièvre typhoïde. Mais le résultat cette fois est au rendez-vous, la beauté plastique de ce serial de 8800 mètres en fait un véritable objet d'orfèvrerie. La critique de l'époque l'acclame à sa sortie, y voyant enfin la rénovation du film à épisodes qui souffrait alors du tirage au mètre et du remplissage.

Pour le spectateur d'aujourd'hui ce ne sera pas l'intrigue, bien trop datée, qui retiendra son attention. Le scénario pêche par un excès de manichéisme et de conformisme à la morale rigide de l'époque, avec des personnages stéréotypés et sans grande complexité. Le méchant est méchant (Charles Vanel, dans un de ses premiers rôles), la femme est fidèle, dévouée, sacrificielle, les jeunes premiers sont amoureux… Mais ces faiblesses sont largement compensées par le jeu des acteurs, Ivan Mosjoukine et Charles Vanel en tête.

Le scénario multiplie les retournements de situation et joue du suspense jusqu'au dénouement final, attendu et sans surprise, happy end où la justice est rétablie et les méchants démasqués. Le recours à des procédés faciles pour faire avancer l'action peut faire sourire, qui multiplie les scènes où les personnages s'épient les uns les autres afin de découvrir une vérité cachée, ou assistent par inadvertance à une scène dont ils n'auraient pas dû être témoins, grosses ficelles tirées du théâtre de vaudeville ou du mélodrame. Ces multiples rebondissements, souvent peu crédibles, obligent Julien Villandrit à endosser de nombreuses fausses

---

5   Jacob, Max, « Écrit pour la S.A.F », *Les Soirées de Paris*, n° 26-27, juillet-août 1914.

identités et dévoiler toute la palette de son talent d'acteur. D'ailleurs, l'épisode dans lequel il est devenu clown dans le cirque, qui pose son chapiteau aux Basses-Bruyères, est un épisode rajouté, absent du texte original de Jules Mary. Et la gaucherie burlesque avec laquelle Julien fait sa demande en mariage à Régine de Bettigny dans le premier épisode, n'était pas du tout du goût de Jules Mary. L'influence de Chaplin et du burlesque étaient par contre au goût d'Ivan Mosjoukine qui imposa l'utilisation de ce registre pour certaines scènes. Jules Mary n'apprécia guère ces libertés, ce qui créa des conflits avec Mosjoukine. Mais la mort de l'écrivain, survenue avant la fin du tournage, laissa finalement les mains libres à la production pour y marquer sa propre empreinte stylistique et amener ce serial au-delà d'un mélodrame académique.

Toutes ces faiblesses se font oublier devant la mise en scène, sa démesure, recourant avec virtuosité à tout ce que l'époque offrait comme possibilités et recherches plastiques. Ingénieuse et créative, le langage du cinéma s'écrit sous nos yeux, art nouveau, terrain en friche, véritable mine d'or, dont les possibilités expressives paraissaient infinies et que cette troupe de cinéastes et acteurs russes immigrés à Montreuil ne cessèrent d'exploiter.

Le générique déjà mérite que l'on s'y arrête. Défile une galerie de portraits vivants présentant les principaux personnages. En premier apparaît Julien en gros plan, face caméra, cheveux gominés à l'arrière, le visage lisse et souriant, en parfait jeune premier. Puis dans une succession de fondus enchaînés, de fermetures et d'ouvertures à l'iris son visage se métamorphose dans les multiples déclinaisons et fausses identités qu'il emprunte tout au long du feuilleton (grimé en mendiant, en clown, avec une moustache ou borgne), et dévoilant toute la palette de son jeu protéiforme et infiniment extensible. Seul son regard étincelant demeure, invariablement ironique. Les autres comédiens défilent à sa suite devant la caméra, prêts à rentrer sur scène, mais saisis fugitivement, comme en coulisses.

Ce générique sous forme de portrait vivant n'est pas sans rapport avec la première page des pièces de théâtre, livrets d'opéra et autres feuilletons où est d'abord établi une liste citant les différents personnages et leurs rôles. Et si on est passé du texte écrit à l'image, les codes restent cependant les mêmes avant de rentrer dans le récit. Louis Feuillade utilise d'ailleurs le même procédé pour *Fantômas*, René Navarre apparaissant dans une succession de gros plans en fondus-enchaînés dans ses différents accoutrements.

Après ce défilé des principaux protagonistes, le premier épisode peut enfin commencer. L'action se situe aux Basses-Bruyères, la propriété de Julien Villandrit. Elle jouxte un ensemble industriel, dont les hauts fourneaux s'élèvent au-dessus des manufactures de tissage. C'est le tout début du XXe siècle, à l'heure du plein essor industriel et Julien est un entrepreneur prospère. Les frères Lumière ne sont pas loin avec leur premier film, *La sortie des usines Lumières*, en 1895. Mais très vite, à la vue de l'usine succède celle d'un élégant manoir, la propriété où vit Julien. Ces deux plans qui se suivent et s'entrechoquent symbolisent les deux pôles du récit. Plus précisément, la prospérité de la bourgeoisie grâce au labeur des ouvriers. Lorsque Julien apparaît dans l'encadrement de la fenêtre, fougueux et prêt à rejoindre Régine, la femme dont il a décidé de demander la main, il hésite entre enfourcher sa moto ou sauter sur son cheval, le vieux monde contre le nouveau monde… Finalement c'est à pied, qu'il rejoindra « La volière », le cottage où vit sa dulcinée. Après une demande en mariage proche du cinéma burlesque, où Julien, gauche et emprunté, finit par se déclarer, ou plutôt, pousser Régine et ses parents à se déclarer pour lui, Régine accepte de devenir sa femme, au grand dam de son associé et meilleur ami, Henri, lui aussi amoureux de Régine.

Le mariage peut enfin avoir lieu. Cette séquence est plastiquement une des plus stylisées du film. S'inspirant du cinéma d'animation de silhouettes, toute la scène, filmée en contrejour, reprend la technique des ombres chinoises. Moment de pure poésie, ce passage rappelle les expérimentations de la réalisatrice Lotte Eisner, fortement influencée par le cinéma expressionniste allemand et auteure du dessin animé *Les Aventures du Prince Ahmed* (1926), considéré comme un des premiers chefs d'œuvre du cinéma d'animation. Cette scène de mariage dansée, féérique, comme un interlude est une séquence à part.

Une fois cette parenthèse enchantée terminée, le retour au réel se fait à l'usine des Basses-Bruyères, en plein milieu des métiers de tissage mécaniques au rythme trépidant. Se reflète toute l'ivresse du monde moderne qui s'emballe, que ce soit dans l'usine ou au bagne, où Julien s'évade. Et cette longue séquence épique de course-poursuite sur un chemin de fer lancé à toute vitesse, n'est pas sans évoquer *Le Mécano de la Générale*, de Buster Keaton, qui sortira en 1926, trois ans plus tard. L'agilité acrobatique de Julien Villandrit en font un cascadeur de la première heure. Pour cet épisode où le bagnard a le crâne rasé, Ivan Mosjoukine, n'a pas eu à se travestir. En effet, l'acteur sortait d'une fièvre typhoïde et avait dû se raser la tête. Il a alors utilisé sa nouvelle apparence pour tourner dans la foulée cette séquence périlleuse.

Une fois échappé du bagne, lors du long chemin parsemé d'embûches jusqu'à sa disculpation, Julien Villandrit est obligé de se cacher et d'emprunter plusieurs fausses identités, allant du clown et du mendiant au contremaître. Son passage au cirque et son déguisement en clown évoque certes le cinéma burlesque en vogue à l'époque, mais aussi l'esprit d'une vie de saltimbanque, que cette troupe de russes émigrés en France a transporté dans ses bagages. Ivan Mosjoukine, féru des thèses de Stanislavski dont il a suivi l'enseignement en Russie, met en pratique son jeu sobre, intérieur et évitant tout pathos. À l'heure du muet où les gesticulations et pantomimes étaient la norme, cette rupture de style fera sa renommée. Comme la plupart des acteurs russes, Mosjoukine apporte un métier, une formation supérieure à bien des acteurs français. Et dans la séquence où il s'entraîne à devenir clown, la caméra semble enregistrer l'acteur en train de démonter la mécanique de son jeu, s'en amusant avec un tel naturel qu'une connivence entre l'acteur et le spectateur s'établit par-delà la scène.

Le soin apporté aux éclairages, la composition du cadre, le jeu des surimpressions et fondus enchaînés font de ce film à épisodes un morceau de bravoure. L'astuce avec laquelle est filmée l'assassinat du banquier Marjory, clé de voûte du film force l'admiration. En effet, à l'épisode 2, *Le secret de l'étang*, Rudeberg, passionné de photographie, capte dans son appareil la scène du crime, images en miniature dans le reflet de l'objectif, ce qui permet de faire l'ellipse de la scène de bagarre et rend cet indice encore plus précieux pour la suite.

Le décor, mélange d'intérieurs tournés en studios à Montreuil, et d'extérieurs, tournés à Nice, offre un large éventail de lieux, entre intérieurs cossus, usines tournant à plein régime, jardins et forêts bucoliques, étangs, paysages arides de bagne, train lancé à toute vitesse, falaises abruptes surplombant la mer, etc., abandonne l'esthétique théâtrale et factice des décors peints pour un parti pris réaliste et naturel.

En six heures de visionnage, un condensé de tous les genres ciné-matographiques de l'époque (mélodrame, réalisme, social, burlesque, animation, policier) se déploie avec une grande habileté dans des scènes d'anthologie. Tout cela sorti du studio Albatros de Montreuil, non loin d'un autre grand précurseur du cinéma, Georges Méliès, avec lequel ils rivalisent de prodiges visuels.

Par ailleurs, *La Maison du mystère* est aussi un document historique important sur la société industrielle, son essor économique, les mœurs de l'époque, la police, l'enfer du bagne... tout le début du XXe siècle se déploie intact sous les yeux du spectateur d'aujourd'hui dans toute son élan et la vitalité de sa jeunesse exubérante.

> Une science du rythme, de l'intensité, de la vérité, une très belle photographie où abondent d'ingénieuses trouvailles caractérisent la réalisation de M. Volkoff, qui a admirablement conduit ses interprètes. Il a d'ailleurs fort bien choisi ses interprètes, M. Volkoff! Mosjoukine et Charles Vanel font preuve d'une puissance dramatique de tout premier ordre.

Cette Chronique de « L'habitué du vendredi », paru dans *Cinémagazine* en 1923, permet de comprendre l'impact de *La Maison du mystère*, qui se démarque des autres films à épisodes, en général produits au kilo-mètre et enchaînant les plans sans réel souci de qualité car destinés à être rapidement consommé.

UNE SAISON RUSSE À PARIS :
LE FEUILLETON DES CRÉATEURS DE LA SÉRIE

Cette série n'aurait jamais pu exister sans les studios Albatros qui se confondent avec une troupe d'artistes russes blancs émigrés en France en 1920. Le récit de leur exil tient déjà de la fiction, tant leur épopée est rocambolesque et romanesque. Iossif Ermoliev, jeune producteur travaille pour la firme Pathé dont une succursale est installée à Moscou. Il fonde ensuite à Rostov-sur-le-Don sa propre compagnie, la *Compagnie Ermoliev*.

Au sortir de la révolution de 1917, l'industrie cinématographique russe tombe en ruine par manque de pellicule. Les studios Ermoliev, émigrent vers le Sud, jusqu'à Yalta, territoire encore préservé et où des studios en activité permettent de continuer à tourner. Il produit sur place deux films d'agitation révolutionnaire comme on en réclame alors. Parallèlement, Ermoliev reprend contact avec Pathé, son ancien employeur et met au point l'installation d'une succursale de ses studios en France. Puis en 1919, Lénine imposant la nationalisation des industries du cinéma et la mainmise sur leurs stocks, la situation se dégrade. Ermoliev et sa troupe se décident à embarquer dans un bateau de marchandise grec qui les emmènera jusqu'à Constantinople. À son bord se trouvent entre autres, Alexandre Volkoff, Natalie Lissenko, Ivan Mosjoukine… Ce dernier relatera d'ailleurs cet épisode dans son autobiographie, (*Souvenirs*, publié en 1929) :

> Nous réussîmes à nous glisser à bord d'un bateau en partance pour Constantinople. Nous n'avions pas de bagages et le peu d'or que nous emportions se trouvait dans les talons de nos souliers[6].

En juin 1920, la troupe Ermolieff arrive à Marseille sur un paquebot. Quelques jours plus tard, les voilà installés à Montreuil, dans d'anciens locaux de Pathé, avec tout leur savoir-faire, munis aussi de quelques appareils, d'un peu de pellicule et des copies de films déjà réalisés. Surtout, ils ont des projets pleins la tête…

Le banquier Kamenka, autre russe émigré et qui rêve de travailler au contact du monde artistique que sa famille a beaucoup fréquenté en Russie rencontre alors Ermoliev qui avait besoin d'un financement. Il lui avance les fonds, et quand Ermoliev quittera la France pour l'Allemagne, Kamenka reprendra les studios qui deviendront alors les studios Albatros. Et le même Kamenka, plus tard, cèdera tout ce fonds à Henri Langlois qui était alors en train de créer la Cinémathèque française.

L'arrivée de cette colonie russe se fait à un moment où la production française était à son plus bas niveau, en qualité comme en quantité et ce vide fut alors occupé par ces russes fraîchement débarqués, comme l'explique Jean Mitry : « la place laissée vacante fut prise par la colonie russe[7] ».

---

6   Albera, François, *Albatros, des Russes à Paris (1919-1929)*, éd Mazzotta / Cinémathèque française, 1995, p. 78.
7   Jean Mitry, *Histoire du cinéma*, tome 2, Éditions universitaires Paris, 1969, p. 364.

La véritable vedette de ce studio est l'acteur Ivan Mosjoukine, débarqué en France à 30 ans, et dont la notoriété en Russie était déjà bien installée. Très vite, le public le plébiscite et il croule sous les lettres de ses admirateurs. Formé à l'école russe, il explore de nouvelles théories du jeu, expressif et fondé sur la maîtrise des différentes parties du corps. Il n'hésite pas non plus à utiliser des événements personnels de sa vie pour enrichir son jeu, comme sa maigreur, suite à sa fièvre typhoïde qui le rend encore plus crédible pour l'épisode du bagne. Louis Delluc écrira à son propos « J'admire Mosjoukine. Si j'étais metteur en scène, je voudrais tourner avec lui[8] ». Quant à Charles Vanel, son partenaire principal dans *La Maison du mystère*, il le considère comme le plus grand. L'acteur, fervent admirateur de Chaplin et Douglas Fairbanks, ses deux modèles, est encensé par la presse :

> C'est un fait, écrit un critique en 1924, Ivan Mosjoukine est devenu, en très peu de temps, l'idole du public parisien toujours très épris d'autorité, de fantaisie, d'originalité. Le public n'est jamais déçu par Mosjoukine. Il aime son charme exotique, ses géniales gamineries, ses exagérations et ses excentricités. Ne le nions pas. Le créateur de Kean, nature aristocratique, a su trouver les accents qui plaisent au grand public, le raffiné aussi bien que le populaire[6].

Abel Gance rêve même d'en faire son *Napoléon*, mais Ivan Mosjoukine, devenu une star avait des exigences si extravagantes que le projet capota entre ces deux géants du cinéma français.

Sa notoriété dépasse les frontières et Ivan Mosjoukine, attiré par les sirènes d'Hollywood, décide de quitter la France. Mais là-bas, il ne tournera que dans un seul film, *L'otage*, d'Edward Slowman pour les studios Universal. Le résultat est médiocre et son expérience tourne court. Le parlant arrivant, son fort accent russe dérange, il sort progressivement des écrans et tombe dans l'oubli. Il terminera sa vie dans le dénuement, emporté par la tuberculose en 1939.

Aujourd'hui ce qui reste le plus connu d'Ivan Mosjoukine est peut-être ce visage en gros plan, qui sert d'élément de composition dans la fameuse théorie du montage expressif élaborée par Koulechov, appelé « Effet Koulechov ». En faisant l'expérience de juxtaposer un gros plan, à l'expression plutôt neutre d'Ivan Mosjoukine avec dans l'ordre, une assiette de soupe, un enfant dans un cercueil et une femme allongée sur

---

8   Albera, François, *Albatros, des Russes à Paris, op. cit.*, p. 113.

un divan, le théoricien prouve que ce rapprochement suffit à suggérer la faim, la tristesse, le désir... Ironie du sort, c'est ainsi que l'acteur traverse le temps et finit dans les manuels de montage.

Les Russes de Montreuil fédérèrent autour d'eux quelques réalisateurs français, à l'avant-garde d'un cinéma « impressionniste », comme Jean Epstein, Abel Gance et Marcel l'Herbier. Puis la troupe s'éparpilla à l'étranger. Volkoff continuant sa carrière en Allemagne. L'arrivée du parlant fut fatale aux studios Albatros, qui eurent du mal à moderniser leur équipement, manquant de place pour installer le matériel sonore volumineux, et leur fort accent russe passa mal à l'écran. L'épopée du cinéma russe exilé s'éteignit progressivement dans les années 1930, après avoir contribué à enrichir le cinéma français. Charles Vanel décrira ce phalanstère russe ainsi :

> C'était un quartier pouilleux et l'ensemble ressemblait plus à une usine qu'à un studio de cinéma, à l'extérieur. Mais à l'intérieur, c'était la féerie.

Si le monde de la série est devenu aussi sophistiqué, c'est que son public exigeant mise sur son inventivité et son habilité à se démarquer. Les saisons à rallonge sur lesquelles elles s'étalent poussent à la surenchère. D'ailleurs ce film à épisodes de six heures où l'on suit les aventures de Julien Villandrit correspondrait aujourd'hui plutôt à une minisérie. Tournée vers l'avenir, peut-être même plus que le cinéma, la série est toujours à l'affût d'un concept original, la nouveauté étant une de ses composantes intrinsèques, voire son moteur. Et de fait, on regarde plus rarement une vieille série qu'un vieux film. Mais au sortir du visionnage de l'intégralité de *La Maison du mystère*, nul doute que cette forme y atteint déjà ses lettres de noblesses et enchantera le spectateur d'aujourd'hui au même titre que celui pour lequel il était destiné.

Hélène JOLY

ET SI NOUS PRENIONS
À NOUVEAU LA MESURE DU TEMPS ?

Comment les plateformes VOD
ont changé notre relation aux séries télévisées

Quand on m'a demandé si j'avais regardé davantage de séries télé-visées pendant le confinement, j'ai bien dû avouer, presque avec honte que ça n'avait pas été le cas. Même en étant enfermée pendant deux mois comme tout le monde au même moment, je n'avais pas augmenté sensiblement mon visionnage de séries ni sombré dans le *binge watching* compulsif, et je ne m'étais pas consacrée davantage à la découverte de nouveaux *shows*. Ainsi, mon propre rituel sériel ne pouvait-il rester que dans mes limites d'avant confinement ? Peut-être était-ce une façon de me donner l'impression que rien n'avait changé. Peut-être aussi que c'est la vie elle-même qui s'est mise à ressembler plus que jamais à une série faite de la répétition inlassable des mêmes éléments, ponctuée de quelques (trop rares) variations. La vie confinée ne ressemblait pas vrai-ment à un feuilleton palpitant mais plutôt à un sitcom des années 60 : le décor unique d'un foyer, des personnages récurrents (les membres du couple et/ou de la famille), des situations répétitives, tout ça sans les rires enregistrés...

Nous avons tous, je crois, pu expérimenter pendant le confinement un rapport au temps bouleversé dans lequel les repères habituels ponc-tuant une journée, une semaine, un mois, volaient en éclat pour devenir autre chose. Un espace temporel qui n'était plus gouverné par les valeurs du travail et les relations sociales a fait son entrée dans nos vies. J'ai certes offert aux séries une partie de mon temps, celui débordant, étiré et palpable du confinement mais j'ai aussi jalousement gardé celui-ci pour le vide, la contemplation et l'ennui. D'ordinaire, les moments que je consacre aux séries sont quotidiens et ritualisés, déterminés par ce qu'il me reste de liberté après ma journée de travail. Le confinement

m'a forcé à repenser quelle quantité de mon temps de vie j'allais donner aux séries. Mais aussi, dans une forme de réciprocité, je me suis
interrogée sur le temps que la série m'offre. Ce temps si spécifique de
la fiction sérielle : quel est-il ? Est-il équivalent à un rapide, vertigineux
et intense tour de montagne russe ou est-il plus semblable à un long
et contemplatif voyage en train ? La récente série *SnowPiercer*[1] met en
scène une fin de l'humanité où les survivants sont embarqués dans un
train qui ne s'arrête jamais. Elle pourrait entièrement être vue comme
un symbole de la temporalité des séries : elle nous embarque dans un
train de fiction en circuit continu, son parcours est infini tout comme
ses possibilités narratives. Mais est-ce encore cette narration infinie que
proposent *SnowPiercer* et d'autres séries contemporaines ? À l'heure des
bouleversements de format et donc de temporalité liée aux plateformes
de VOD, la série télévisée offre-t-elle encore au spectateur sa petite part
d'éternité ?

LE TEMPS DES SÉRIES

La série télévisée porte en elle un rapport au temps spécifique
puisqu'elle se construit autant sur la répétition que sur la variation,
oscillant en permanence entre le semblable et le dissemblable. L'équilibre
entre répétition et rupture est essentiel au maintien de l'attention du
spectateur et à la réussite narrative et formelle de la série. C'est la répétition qui va permettre au spectateur de s'attacher à la fiction et aux
personnages. La variation lui évitera l'ennui et entretiendra son intérêt
pour l'histoire. La série doit offrir un refuge fictionnel presque toujours
identique au spectateur. À l'intérieur de ce refuge, toutes les variations
sont possibles à condition de ne pas trahir totalement les fondations
narratives sur lesquelles s'est construit l'univers fictionnel originel qui
a déjà l'attachement et la confiance du spectateur. La série est donc
d'emblée un objet fictionnel qui va jouer avec le temps. Le rapport que
nous entretenons avec la temporalité des séries existe selon deux pôles :
le temps de réception de la série (le temps de diffusion et de visionnage)

---

1   *Snowpiercer*, Josh Friedman et Graeme Manson (2020-…).

et un rapport au tempo narratif de la série propre au développement de l'histoire et des personnages. Ces deux pôles sont toujours intimement liés et déterminent la relation que nous entretenons avec les séries. Plus que jamais, nous pouvons aujourd'hui choisir le mode de diffusion que nous souhaitons : de façon hachée, d'une traite, sur sa télévision chez soi, sur son téléphone dans les transports…Mais pour autant les séries continuent d'être pensées selon un formatage temporel précis. Ce formatage a évolué tout au long de l'histoire de la télévision et il s'est profondément modifié récemment lorsque les plateformes de VOD sont devenues le moyen dominant de diffusion des séries télévisées.

FEUILLETONS VS SÉRIES FORMULAIRES : DEUX RAPPORTS AU TEMPS DIFFÉRENTS

À l'intérieur même de la diffusion contrainte des programmes de télévision qui ont fait prospérer l'idée d'un rendez-vous avec la fiction, deux formes narratives et temporelles différentes ont cohabités : les feuilletons et les séries formulaires (ou bouclées). Rappelons brièvement que les série en feuilleton mettent en scène des histoires qui se suivent sur plusieurs épisodes et plusieurs saisons. Les séries formulaires donnent à voir des personnages récurrents confrontés à des histoires complètement différentes d'un épisode à l'autre. Ce format exclut toute possibilité d'évolution des personnages et toute dimension psychologique : il s'agit de petites vignettes fictionnelles ludiques valant pour elles-mêmes. La majorité des séries télévisées suivaient ce format narratif jusqu'au début des années 90 où ont commencé à cohabiter deux formats : le feuilleton et une hybridation entre le feuilleton et la boucle[2] (les épisodes d'*X Files*[3] par exemple reposaient sur une enquête/

---

2   Le *procedural* ce genre policier qui a connu un grand succès dans les années 2000 avec *Les Experts*, *Mentalist*, *Castle* ou *Elementary* utilisait systématiquement ce format hybride. Le feuilleton est le modèle narratif dominant aujourd'hui, les séries bouclées ayant presque disparues et l'hybridation entre boucle et feuilleton reste un format narratif assez typique des années 2000 que l'on retrouve très peu aujourd'hui si ce n'est dans le registre spécifique de la comédie.

3   *X-Files*, Chris Carter (1993-2018).

intrigue bouclée, mais des arcs narratifs étaient développés sur toute la saison et la série).

Le rapport au temps qui régit ces deux types de format narratif n'est pas le même : le spectateur n'est pas obligé de voir tous les épisodes d'une série formulaire pour la comprendre, cela ne lui demande pas le même investissement. Pour être compris et apprécié, le feuilleton, lui, nécessite d'être visionné dans son ensemble, épisode par épisode. Le spectateur va ressentir un autre type d'attachement à ces personnages de feuilleton qui ont une histoire et une psychologie (même sommairement dessinées aux débuts du feuilleton) et qui vont évoluer dans le temps. Avec l'avènement du feuilleton, la série crée un pacte avec son public dans lequel la temporalité joue un rôle crucial : en tant que spectateur, je donne mon temps à ces personnages et à cette histoire que j'aime, nous allons avancer ensemble dans le temps, le temps de la fiction va accompagner aussi mon temps de vie réelle. Cet accompagnement scelle le cœur de ce contrat temporel passé entre le spectateur et sa série. Par le biais du rapport au temps, c'est une véritable relation qui se noue entre les deux.

NETWORKS ET CHAINES CÂBLÉES : L'ENTRELACEMENT DU TEMPS RÉEL ET DU TEMPS FICTIONNEL

La temporalité d'une série télévisée est entièrement dépendante d'un autre facteur : son mode de diffusion. Historiquement (depuis 1940), le mode de diffusion des séries aux États-Unis était les chaînes de *network*, des réseaux nationaux privés qui donnent lieu à un formatage temporel. Le montage et la construction narrative et visuelle d'un épisode sont entièrement articulés autour des coupures publicitaires. Une durée moyenne pour chaque genre de série est de mise pour avoir sa place dans la grille de programme (40 minutes en moyenne pour les drames et 20 minutes pour les comédies). La norme des *networks* est la série formulaire jusque dans le début des années 1990. Les saisons sont longues (au minimum une vingtaine d'épisodes) et le terme « *season* » lui-même a tout son sens : les séries sont produites dans l'idée d'être suivie une saison entière par leur public. Cette idée de partager un temps commun de vie avec la fiction est une évidence aux États-Unis puisqu'il y existe une tradition très ancrée de diffusion des épisodes en même temps que de vrais événements calendaires et culturels : des épisodes de *Thanksgiving* ou d'*Halloween* mettent en scène les personnages de séries participant à ces festivités... La temporalité des séries de *network* est dépendante d'une double influence : le calendrier réel impose un calendrier des séries mais l'inverse est également vrai. La série (notamment à cause de son interdépendance à la publicité d'un point de vue économique) impose une temporalité à ses téléspectateurs. Le point culminant de l'adéquation entre le temps de vie des téléspectateurs et celui des fictions sérielles a été atteint à la fin des années 90 quand les *networks* commencent de plus en plus à diffuser des feuilletons. Le mode de diffusion est ancré dans la vie des spectateurs, le temps fictionnel s'écoule presque au même rythme que celui de son public et, les personnages, au même titre que des proches, accompagnent le spectateur sur plusieurs années et évoluent.

Si les chaînes de *network* accueillent de plus en plus de feuilletons dans leur grille de programmation c'est qu'un nouvel acteur dans la diffusion sérielle est arrivé sur le devant de la scène et a fait trembler tous les fondements sur laquelle elle reposait. Née en 1972 mais construisant son succès dans les années 90, la chaîne câblée payante HBO repose sur des abonnements. Elle ne dépend pas des pubs et n'est pas soumise à la censure imposée par la FCC (*Federal Communication Commission*). Outre que la chaîne se construit sur la libération de tout ce qui était interdit ailleurs : nudité, sexe, langage « obscène », violence, elle fait également bouger un autre type de formatage, celui de la durée des épisodes. La disparition des publicités permet des programmes plus longs : 50 minutes pour les drames et 30 minutes pour les comédies. Le montage, ce curseur de la temporalité d'une fiction est totalement bouleversé car il n'est plus déterminé par cette dépendance narrative et visuelle à la coupure publicitaire. Les temps de la vie réelle et les temps de la vie fictionnelle ne s'en ressemblent que davantage. En effet, le montage « pub » donnait parfois l'impression au spectateur qu'une scène s'arrêtait abruptement ou que les acteurs se mettaient eux-mêmes sur pause (en France comme il y a moins de coupures pub nous nous souvenons tous de brusques interruptions, avec parfois un photogramme noir avant la reprise de l'intrigue). Les saisons quant à elles deviennent plus courtes : une dizaine d'épisodes par saison est la nouvelle norme des chaînes câblées. HBO systématise le feuilleton, accouchant d'une complexité narrative nouvelle. Pour faire face à la concurrence du mastodonte du câble, les *networks* vont devoir assouplir leur rythme de diffusion et revoir à la hausse les qualités narratives de leurs séries. Paradoxalement et avec un regard dont j'assume la part de subjectivité, ce sont deux œuvres de *networks* qui me semblent avoir fait du temps un véritable objet de réflexion à l'intérieur de leurs intrigues mais aussi dans leurs liens au temps extra-diégétique du spectateur. Toutes deux ont été produites pendant l'âge d'or des séries télévisées : *Buffy contre les vampires*[4] et *Lost*[5].

Lancée sur la chaîne The WB en mars 1997 puis diffusée à partir de 2003 sur UPN, la série *Buffy contre les vampires* met en scène une adolescente californienne *a priori* ordinaire qui est en fait la Tueuse, seule élue capable de vaincre les vampires et autres forces du mal. La série débute à l'arrivée de Buffy dans la petite ville tranquille de Sunnydale (qui cache quand même une bouche des Enfers). Elle a alors 15 ans et au terme des sept saisons qui vont narrer ses aventures, elle sera devenue une jeune adulte de 21 ans. La série visait explicitement un public adolescent, son décorum fantastique étant une excellente toile de fond pour un *teen drama* mettant en scène des problématiques typiquement adolescentes : la vie au lycée, les amitiés, le harcèlement, la solitude, le dilemme entre ses désirs et ses devoirs, les premières relations sexuelles, les premiers deuils, les tensions avec les parents et les figures d'autorité… Le public adolescent spectateur de la série a littéralement grandi et vieilli en même temps que les personnages principaux du *show*, passant par des questionnements similaires au fur et à mesure des saisons (l'entrée à la fac puis dans la vie active, la consolidation des identités…). Les téléspectateurs de *Buffy contre les vampires* ont vécu une expérience fictionnelle spéculaire dans laquelle la série au cours de ses 144 épisodes leur offrait un dépaysement générique et spatial tout en les ramenant sans cesse à eux-mêmes et à des problématiques existentielles universelles. On peut donc vraiment parler d'un récit d'apprentissage prenant son enracinement dans le temps que le téléspectateur partagea avec la série.

---

4   *Buffy contre les vampires*, Joss Whedon (1997-2003).
5   *Lost, les disparus*, J.J. Abrams et Damon Lindelof (2004-2010).

La série *Lost* est quant à elle entièrement construite autour d'une réflexion temporelle. Diffusée en 2004 et durant six saisons sur ABC, elle s'ouvrait sur un crash d'avion à la suite duquel un groupe de survivants se retrouvent abandonnés sur une île en apparence déserte. En proie à la menace des « Autres », un mystérieux peuple autochtone, et à des phénomènes inexpliqués qui se multiplient et sèment la confusion parmi les rescapés, les personnages se confrontent à de nouvelles appréhensions de la temporalité en expérimentant une vie quasi primitive sur l'île déserte et en tentant eux-mêmes d'agir sur le temps au cours de la quatrième et cinquième saison. Les phénomènes paranormaux auxquels ils font face perturbent également leur vision du temps, notamment lorsque des personnages décédés apparaissent sur l'île. Les créateurs de la série imposent au spectateur un récit dans lequel l'opération mentale consistant à situer le temps de la série devient parfois lui-même un challenge. À la troisième saison, les créateurs ont décidé de briser la mythologie et la structure narrative en *flash-back* qu'ils avaient instaurées jusque-là grâce à un impressionnant *twist* qui renversa totalement le rapport du spectateur à la temporalité de la série. À la fin de la saison 3, la série qui n'a jusqu'alors fonctionné que dans cette dynamique temps présent de l'île/temps passé du *flash-back* ajoute une nouvelle couche temporelle. Nous nous trouvons tout à coup dans une scène où Jack, un des héros de la série, n'est plus sur l'île. Alors que nous pensons assister à un habituel *flash-back*, les mots prononcés par Jack (« *we have to go back* ») nous font réaliser que nous assistons en fait à un bond dans le futur. Le spectateur comprend avec un choc que les personnages ont bien réussi à quitter l'île alors que nous sommes à un moment du récit où cela semble hautement impossible. Le spectateur réalise aussi que la résolution présumée des problèmes des personnages était illusoire. Se libérer de cette île-prison et retourner à leur vie normale ne leur a pas offert de réconfort. Ils doivent se « condamner » eux-mêmes cette fois-ci à retourner sur l'île. Ce *twist* amène le spectateur à réévaluer totalement son rapport au temps du récit, il ouvre littéralement un nouvel espace-temps avec une potentialité narrative tout à coup élargie... Le spectateur sait aussi à présent que sa confusion dans l'évaluation de la temporalité du récit sera plus grande (suis-je dans le présent, le passé ou le futur ?). Cette confusion l'amène à lâcher prise[6]

---

6   L'idée elle-même du lâcher prise est mise en abyme dans la série à plusieurs reprises et notamment dans une célèbre scène de la saison où le personnage de Rose dit à Jack, le

sur ces repères temporels devenus confus pour se laisser porter par le récit aussi erratique soit-il. Il acceptera d'être perdu tout autant que les personnages le sont. Cette errance temporelle qui durera les sept saisons que compte la série demande un investissement total du téléspectateur et une patience qui aujourd'hui pourrait sans doute paraître compliquée et incongrue au spectateur contemporain habitué à des séries aux nombres d'épisodes et de saisons très courts.

Ces deux séries ont en commun de s'être saisi du temps du spectateur pour entretenir leurs réflexions : la transition de l'adolescence à l'âge adulte pour *Buffy contre les vampires*, une remise en cause de notre perception du temps (et de celle des personnages) dans *Lost*. L'une et l'autre ne pourraient exister en tant qu'œuvres de réflexion sur le temps si elles n'avaient pas joué sur ce lien créé avec le spectateur sur la durée et si elles n'avaient pas pu résonner dans la temporalité propre du spectateur.

L'AVÈNEMENT DES PLATEFORMES VOD : UN BOULEVERSEMENT TEMPOREL MAJEUR

La rivalité entre les *networks* et les chaînes câblées a eu un impact certain sur le rapport du spectateur au temps des séries. Mais celui-ci va être encore plus radicalement bouleversé par la création des plateformes VOD. Les plateformes de vidéos à la demande sont un nouveau moyen de diffusion de contenus vidéo numériques sur internet, par abonnement. Ces contenus ne sont soumis à aucune programmation, ils sont en accès libre et continu. Les plateformes de VOD se multiplient dans les années 2000 lorsque l'accès internet à haut débit se développe, permettant de voir des vidéos en streaming, c'est-à-dire sans téléchargement préalable. Netflix est la première plateforme de VOD payante à se déployer de façon exponentielle et internationale en 2007 puis elle a été suivie notamment par Starzplay en 2012 et Amazon Prime Video en 2016. Ce ne sont pas uniquement des diffuseurs, ils produisent également des séries télévisées et possèdent des droits de diffusion exclusifs sur

héros de la série, alors même que leur avion menace de s'écraser : « You can let go now. It's okay. you can let go. » (S6E1).

certaines séries de leur catalogue. Ces nouveaux acteurs médiatiques transforment en profondeur le mode de consommation des séries. Leur équilibre financier diffère de celui des chaînes de télévision puisque leur objectif est d'avoir du « contenu[7] » afin d'attirer de nouveaux abonnés. La fidélisation du spectateur n'étant pas forcément essentielle, les plateformes misent donc davantage sur la nouveauté que sur la durée concernant les séries. Elles comportent aujourd'hui moins d'épisodes qu'auparavant : la dizaine d'épisodes devient une norme irrévocable et la tendance à produire seulement sept à huit épisodes par saison s'accentue. Les saisons des séries télévisées les plus plébiscitées par les spectateurs pouvaient durer jusqu'à huit années et cela même sur les chaines câblées (*Dexter*[8], *Homeland*[9]), aujourd'hui la tendance est aux séries courtes (trois saisons en moyenne). Le principe du feuilleton dont le spectateur va suivre pendant des mois et des années le déroulement est devenu la marque fictionnelle d'un autre temps. Les mini-séries et les séries anthologiques qui étaient plutôt rares dans les années 2000 sont nombreuses aujourd'hui dans le paysage sériel. Elles proposent un autre programme narratif au spectateur : une histoire courte qui se conclue complètement en quelques épisodes ou dans le cas des séries anthologiques, des saisons qui narrent une seule histoire bouclée ou encore une histoire par épisode (*Black Mirror*[10]). Même si ce format n'est pas sans rappeler celui des séries aux épisodes bouclés d'avant les années 90, le foisonnement de ce type de format ne permet pas d'établir la même relation entre le spectateur et la série. L'idée est d'être entraîné rapidement dans une histoire et d'en sortir aussi vite. L'entrelacement entre la fiction et la vie du spectateur est moindre.

Trois bouleversements amenés par les plateformes vont changer le rapport du spectateur au temps des séries télévisées : l'implosion des normes de durée des épisodes, la disparition de l'épisode pilote et la pratique du *binge-watching*. Ces modifications débordent les séries de plateformes et touchent aussi à présent les séries de chaînes câblées (qui ont par ailleurs presque toutes développé leur service de plateforme VOD en plus de leur programmation télévisée).

---

7   Ce nouveau mot de vocabulaire apparaît également avec l'arrivée des plateformes.
8   *Dexter*, James Manos Jr, 2006-2013 (reprise en 2021).
9   *Homeland*, Alex Gansa, Gideon Raff et Howard Gordon (2011-2020).
10 *Black Mirror*, Charlie Brooker (2011-…).

L'absence de grille de programmation permet de faire imploser le formatage temporel des séries : il n'y a plus de règle absolue de durée lié au genre de la série comme auparavant avec les habituelles 30 minutes pour les comédies et 50 minutes pour les drames. La première saison de la série *Normal People*[11] qui a été à la fois diffusée sur la chaîne BBC One et sur diverses plateformes de streaming comporte des épisodes de 23 à 30 minutes. Pour autant, cette série qui met en scène l'amour impossible et complexe entre deux adolescents irlandais n'a rien d'une comédie. La question d'une harmonisation de durée entre les épisodes d'une même saison a également été remise en cause par les plateformes puisque celles-ci livrent d'un coup tous les épisodes d'une saison au visionnage.

La série *The OA*[12] diffusée par Netflix constitue un bon exemple de ce déséquilibre temporel entre les épisodes. Elle met en scène Prairie Johnson, une jeune femme aveugle disparue pendant sept ans qui réapparait profondément changée : non seulement elle a recouvré la vue mais elle a vécu des expériences qui ont bouleversé à jamais sa perception de la vie, de la mort et du monde. Alors qu'elle commence à raconter chaque soir ce qui lui est arrivé à son voisinage, son récit soulève de plus en plus de questions amenant la communauté qu'elle côtoie à s'interroger sur ce qu'elle est devenue et sur la véracité de ses propos. Le deuxième épisode de la première saison qui raconte l'enfance de Prairie avant son adoption dure tout juste 20 minutes au milieu des autres épisodes de la saison qui durent en moyenne 50 minutes. Cette durée correspond à ce que les créateurs de la série ont voulu raconter sur cet épisode et n'est donc pas imposée par des diktats tels que les grilles de programmation, la publicité, la catégorie générique de la série. Les plateformes se sont émancipées de ses contraintes. Cette durée surprend le spectateur et le met dans une posture inhabituelle mais aussi dans une attention toute particulière à l'histoire qui se raconte. Les créateurs de la série affirment ainsi leur volonté d'une véritable adéquation entre le temps de l'épisode et le temps qui est nécessaire au récit pour se raconter.

Avec leur diffusion en bloc de tous les épisodes, les plateformes ont fait disparaître le sacro-saint et mythique épisode pilote : un épisode initial tourné seul dans un premier temps pour convaincre

11 *Normal People*, Sally Rooney, Alice Birch et Mark O'Rowe, 2020.
12 *The OA*, Zal Batmanglij et Brit Marling (2016-2019).

les producteurs et diffuseurs d'acheter la série complète. Les chaines de télévision, puisqu'elles devaient fidéliser le spectateur, étaient plus contraintes que les plateformes de le séduire grâce à ce premier épisode (parfois assez différent dans sa construction que le reste de la série). Les tous premiers épisodes devaient être immédiatement efficaces et riches en rebondissements afin de capter l'attention des spectateurs. En faisant disparaître les pilotes et en envisageant d'emblée la série comme un bloc narratif diffusable d'un coup, les plateformes font évoluer aussi la façon dont les créateurs de séries amènent et structurent leur histoire dans la durée. Il est aujourd'hui fréquent de voir des séries mobiliser cinq épisodes pour amener lentement l'histoire à la compréhension du spectateur. On plonge désormais dans le récit sans explication, avec une présentation succincte des personnages et des enjeux narratifs. Même des séries produites par des chaînes câblées adoptent aujourd'hui ce fonctionnement : la série *Counterpart*[13] par exemple nous plonge dans un univers d'anticipation dont nous mesurons les enjeux au fur et à mesure de l'histoire et dont l'intrigue reste assez opaque jusqu'au cinquième épisode de la première saison. Récemment l'excellente mini-série *Watchmen*[14] est un très bel exemple de récit sériel exigeant dont l'intrigue ne se révèle qu'à la moitié de la saison. L'épisode 6 marque une fracture dans le récit et révèle enfin un de ses enjeux les plus importants : Angela, le personnage principal de la série, plonge grâce à la Nostalgia, une drogue, dans les souvenirs de son grand-père datant de 1938. On y comprend que celui-ci, un policier idéaliste victime de racisme et de persécution est devenu le premier super-héros américain, le Juge Masqué, usant de maquillage pour se faire passer pour un homme blanc. L'épisode a créé le buzz lors de sa diffusion, car il élargissait considérablement la perspective et la compréhension du récit raconté jusqu'ici et donnait à son histoire une ambition narrative nouvelle en montrant le lien entre l'Histoire raciste des États-Unis et les problèmes dans son présent intra-diégétique mais aussi dans l'Amérique réelle. Avant l'arrivée des plateformes, il était majoritairement impensable de laisser le spectateur errer dans l'opacité d'une histoire jusqu'à la moitié d'une saison, au risque de le perdre. En faisant imploser les normes de durée et de diffusion les plateformes permettent donc d'offrir une

---

13   *Counterpart*, Justin Marks (2018-2019.)
14   *Watchmen*, Damon Lindelof, 2019.

liberté nouvelle aux créateurs de séries pour raconter leurs histoires en s'affranchissant des contraintes du pilote.

Le changement le plus radical sur le plan temporel qui a été opéré par les plateformes est sans aucun doute la pratique du *binge-watching*. Cette nouvelle pratique spectatorielle consiste à regarder un grand nombre d'épisodes d'une série à la suite, voire la saison dans son intégralité (ou la série dans certains cas). Le *binge-watching* influe irrémédiablement sur le temps que consacre le spectateur aux séries. On peut se dire au premier abord qu'il va leur consacrer plus de temps puisque tout est conçu sur les plateformes pour le pousser à regarder en continu les épisodes quitte à y passer la nuit ; la durée de plus en plus courte des épisodes donnant aussi envie d'en regarder davantage. Cette pratique du *binge-watching* peut donner l'impression qu'elle favorise l'immersion du spectateur dans la fiction. Mais cette immersion et ce visionnage rapide des épisodes bouleversent en fait le principe même de la série qui est de « séquencer » la temporalité. La série télévisée demeure-t-elle encore une série lorsqu'elle est vue en une seule fois ? La sérialité hache le récit. Regarder une série, comme lire un livre, c'est faire entrer un récit, une fiction de manière progressive dans la vie intime du spectateur/lecteur, dans son foyer. Le *binge-watching* pousse plus que jamais le spectateur à adopter une démarche consommatrice, cela est assez évident. Mais peut-être que le souci majeur n'est-il pas là. Il réside plutôt dans la rupture qui se fait entre le temps de la vie du spectateur et le temps de la série. La série n'accompagne plus le spectateur pendant des semaines, des mois, des années. Une saison peut être vue en une semaine ou deux (en une nuit pour les plus audacieux).

Il serait intéressant de mesurer l'impact que cela a sur l'aspect émotionnel de la relation du spectateur à la série : quelle conséquence sur l'attachement à des personnages, à des lieux fictifs, à une histoire ? On peut se demander quel souvenir laisse, quelques mois après, le visionnage d'une excellente série vue en une seule soirée... On peut arguer qu'il sera moindre comparé à celui d'une série de qualité moyenne qui a été suivie pendant plusieurs années. Dans un cas, la série a *habité* notre existence enserrant ses griffes fictionnelles dans notre quotidien, dans l'autre, elle n'est qu'un intense *trip* de quelques heures aussi vite vécu qu'oublié.

Loin de moi l'idée d'être dans un constat réactionnaire et nostalgique qui prônerait un retour à une diffusion programmée et séquencée des séries. Pour autant, on ne peut ignorer que les plateformes ont créé une fracture dans notre relation aux séries. Ce nouveau paradigme temporel interroge la place que les séries tiennent dans notre vie, en termes de temps certes, mais aussi de souvenirs, d'émotion et plus encore de la durabilité de ce souvenir et de ces émotions. Ce dernier élément est, je pense, fondamental à la série télévisée. Nos vies portent l'empreinte des fictions que nous avons vues/lues. Le temps que nous avons vécu avec des histoires et avec des personnages leur donne un impact et un sens pour nous qui n'en est que plus grand. Il existe toujours de grandes et d'excellentes séries, je suis même convaincue qu'il n'en existe que davantage aujourd'hui. Mais même avec toutes leurs qualités narratives, esthétiques, intellectuelles, émotionnelles, quelle place va-t-il rester pour elles dans nos esprits et dans l'inconscient collectif alors même qu'elles auront eu si peu de place dans la temporalité de nos vies ?

LA FIN DE L'ATTENTE ?

Le temps et l'imaginaire entretiennent une relation d'étroite inter-dépendance où l'un se nourrit irrémédiablement de l'autre. Les champs de l'imaginaire ouverts par la fiction vont s'étendre et se développer paradoxalement lorsque le spectateur n'est pas en relation avec celle-ci. Les moments où le spectateur se plonge dans la fiction et ceux où il retourne à la vie réelle forment un mouvement complexe où se tissent et s'entrelacent les fils de l'imaginaire. Le moteur imaginatif propre à chaque individu ne peut fonctionner dans toute sa potentialité que si la fiction abandonne le spectateur à un espace de silence et de vide fiction-nel que son imagination va chercher à combler. Il m'a toujours semblé que la littérature parce qu'elle est fractionnée en chapitre et les séries télévisées dont la segmentation est ontologique offrent à leurs usagers un espace prépondérant à l'imaginaire : celui de l'attente. L'attente entre deux chapitres ou entre deux épisodes crée ce vide que l'imaginaire va chercher à remplir. C'est pourquoi une série comme *Lost* constitue me semble-t-il une vraie mise en abyme de ce qu'est la série télévisée, car les créateurs ont choisi d'exploiter au maximum la façon dont une série peut ouvrir et multiplier des pistes narratives. Ces dernières y étaient assez nombreuses et mystérieuses (et assez inexploitées ensuite dans le déroulement du récit) pour permettre au spectateur de se créer plusieurs histoires pour lui-même, de multiplier les hypothèses narratives. C'est d'ailleurs à cause de cela que *Lost* fut à ce point une série « interactive » et participative avec une communauté de fans très active sur le net qui développait des univers fictionnels parallèles[15] et des théories sur la suite qu'allait offrir la série. Les moments de pause dans une série télévisée, ceux pendant lesquels le spectateur ne regarde pas sa série, sont aussi essentiels à sa construction que les moments d'immersion dans la fiction. Hélène Machinal parle à ce propos de la notion d'*intervalle* : « une période temporelle qui impose une suspension de la temporalité narrative du récit au récepteur et à la réception de l'œuvre[16] ». Elle explique que l'intervalle « n'est généralement pas un vide ou une suspension dans le néant, il comprend au contraire un fort potentiel de création et de fictionnalisation (que ce soit côté production ou réception)[17] ».

The OA met en abyme l'importance de ces intervalles dans la fiction sérielle. Prairie y raconte l'histoire de sa vie tous les soirs dans une maison en construction de son quartier pavillonnaire américain. Son histoire est tellement à proprement parler « extra-ordinaire » que son public adolescent d'abord fasciné, se met à douter. Comme dans *Lost*, la question d'avoir foi en la fiction est au cœur de la série puisque l'héroïne demande à ses auditeurs attentifs et captifs de la croire, quand bien même son histoire devient de moins en moins « réaliste » et de plus en plus difficile à admettre. La narratrice, découpe et segmente son récit qui prend alors une forme sérielle. Elle s'arrête chaque soir à la même heure afin de donner rendez-vous à son public le lendemain pour lui raconter la suite, ce qui n'est pas sans évoquer la diffusion classique segmentée et en programme des chaînes télévisées. Une certaine ironie teinte la série *The OA*, puisqu'elle prône à l'intérieur même de son récit une foi en une fiction énigmatique et fragmentée alors que la série elle-même

---

15 Les *fan fiction* et le *fan art* prolongent ou créent de nouvelles pistes narratives à partir d'une fiction originelle en cours. Ces pratiques créatives des fans sont facilitées par ces espaces de vides et d'attente lors desquels la fiction n'existe plus et sur les failles et les vides narratifs qu'elle contient.

16 Machinal, Hélène, « Le rapport paradoxal au temps en fiction sérielle : Intervalle et série télévisée », *Sens Public*, 15/03/2021, p. 5 http://sens-public.org/articles/1479/

17 *Ibid.*, p. 9.

est diffusée par une plateforme permettant au spectateur dans sa propre vie d'abolir l'attente entre les épisodes. Tous les épisodes ont été mis en ligne au même moment et il était donc possible d'enchaîner leur visionnage sans attendre. La série met donc en abyme un système de segmentation narrative sérielle que son diffuseur exclusif est bien loin d'encourager.

Le fonctionnement actuel des plateformes VOD abolit l'attente. Il abolit l'attente entre deux épisodes, mais aussi les marques de segmentation qui caractérisent un épisode. Les fonctionnalités « skip » visant à supprimer les génériques de début et de fin font disparaître les seuils d'entrée et de sortie de la fiction qui sont si symboliques en termes d'imaginaire. Pourquoi abolir ces seuils fictionnels ? Pour maintenir le public captif et permettre une immersion totale et sans interruption du spectateur dans la fiction, accroissant également le temps de visionnage sur la plateforme. Ce qui en soi constitue une stratégie discutable étant donné que les plateformes ne mesurent pas leur succès économique et critique en termes d'audience mais en termes de nombre d'abonnés. Le récit de la série télévisée est entièrement pensé et construit pour le fractionnement. Et on peut dire qu'une saison ou une série forment paradoxalement une unité constituée d'éléments fragmentées. Mais quand on « assemble » ces fragments, ils ne forment jamais un vrai tout, ils ne constituent pas un film soudainement réassemblé et continu. La série demeure toujours, jusqu'au fond de ses entrailles sérielles, un amas de fragments car elle est pensée pour « évoluer », pour être perpétuellement en mouvement et en suite. Là où le film est pensé dès le départ (sauf dans le cas des sagas et des trilogies) comme un objet fictionnel qui sera « fini », son récit étant un bloc inaltérable, la série est pensée comme un objet fictionnel « infini », en mouvement narratif constant. Le récit sériel peut constamment être bouleversé et cela même des années après la création de la série puisque celle-ci reste une forme narrative *ouverte*. Les exemples de séries reprises des années plus tard pour une nouvelle saison comme *Twin Peaks*[18] (vingt-cinq ans après la saison 2) ou encore plus récemment *Dexter* (sept ans après la saison 8) et *In Treatment*[19] (dix ans après la saison 3) en attestent. La fragmentation est tellement inhérente à la narration sérielle que lorsqu'on y réfléchit,

---

18 *Twin Peaks*, David Lynch et Mark Frost, 1990-1991 (reprise en 2017)
19 *In Treatment*, Rodrigo Garcia, 2008-2010 (reprise en 2021)

il semble incongru de pratiquer le *binge-watching* de certaines séries. C'est le cas de la série *In Treatment*, diffusée non pas par une plateforme mais par HBO au rythme de deux épisodes par semaine. Sa forme sérielle épouse à la perfection et à l'exactitude ce qu'elle raconte. Elle met en scène un psychologue (puis une psychologue dans la saison 4) qui reçoit ses patients chaque semaine en thérapie. Chaque épisode montre en huis-clos et sans ellipse une séance d'un patient avec son psy (bien que le temps moyen d'une séance qui est plutôt autour de 45 minutes soit ici réduit à environ 25 minutes). Un épisode correspond à un patient et à un jour de la semaine où le psy voit ce patient. Les épisodes forment d'abord une unité narrative journalière puis à une autre échelle un bloc narratif d'une semaine, les semaines sont toujours clôturées par la propre analyse du psy reçu par un autre psychologue. La série dans sa forme dessine déjà un programme de diffusion pour le spectateur et un rythme de visionnage : des jours de la semaine qui entrent en résonance directement avec les nôtres. La segmentation est tellement omniprésente et la structure hebdomadaire de la série tellement en adéquation avec notre temps de vie que la série ne semble pas avoir été pensée pour que ses « semaines » soient vues à l'affilée selon le mode du *binge-watching*.

Il serait faux de dire qu'à cause de l'avènement des plateformes VOD les séries contemporaines n'apportent plus de réflexion sur le temps dans leur récit. La série anthologique de Mike Flanagan *The Haunting of Hill House*[20] diffusée sur Netflix en est un parfait exemple. Sa seconde saison intitulée *The Haunting of Bly Manor* chamboule progressivement les repères temporels des spectateurs. Particulièrement dans l'épisode consacré au personnage de la gouvernante Hannah Gross qui semble bloquée dans une boucle temporelle, revivant inlassablement les mêmes scènes avec parfois de légères variations (ce qui n'est pas sans rappeler la nature même de la série télévisée faite de répétition et de variation). Le montage virtuose de cet épisode contribue à faire perdre au personnage comme au spectateur tous ses repères spatiaux et temporels : Hannah passe d'une pièce à l'autre du manoir comme si elle passait d'une scène à l'autre dans des souvenirs mentaux confus. La saison entière met en scène le temps comme une boucle et non comme une ligne, la vie et la mort pouvant se superposer et cohabiter en permanence.

---

20 *The Haunting of Hill House*, Mike Flanagan (2018-2020)/

La série anthologique *Tales from the Loop*[21] diffusée par Amazon Prime Video fait aussi du temps l'objet de réflexion de plusieurs épisodes, ce qui n'a rien d'étonnant pour un récit de science-fiction. Ce qui l'est davantage et qui n'a pas manqué d'être souligné par les journalistes c'est que la série offre au spectateur un récit particulièrement lent et contemplatif en contradiction avec l'ère de la vitesse dans lequel les plateformes propulsent les séries télévisées aujourd'hui. Un rythme qui demande une attention soutenue qu'on imagine mal convenir à un visionnage sur son téléphone dans les transports en commun. Un article de Benjamin Fau sur la série la qualifiait d'ailleurs de « magnifique pieds de nez fait à l'air du temps[22] ». Il est vrai que ses épisodes composant des petites fables SF aussi lentes que poétiques et philosophiques donnaient à vivre au spectateur un autre type de montage narratif que celui auquel il est habitué dans la majorité de la production sérielle actuelle.

Nous le voyons cependant ces deux exemples proposent aux spectateurs une expérience particulière du temps intra-diégétique sur quelques épisodes ou une saison. Il n'est plus question d'une réflexion au long cours sur le rapport au temps des personnages mais aussi sur notre rapport au temps spécifique de la série. Ces réflexions sur le temps ne sont plus en lien avec le temps extra-diégétique du spectateur et c'est sans doute là qu'il y a une fracture importante entre les séries d'avant les plateformes et celles d'après. L'ancrage d'une série dans le temps de vie du spectateur lui permettait de ne pas intégrer seulement une réflexion intra-diégétique sur le temps mais aussi de faire vivre au spectateur une expérience du temps sur le plan extra-diégétique. Pour les raisons que nous avons évoquées plus haut (saison et séries plus courtes, diffusion en bloc), ce rapport entre la fiction télévisuelle et le temps extra-diégétique du spectateur est moindre. Même si certains créateurs de séries souhaitent ralentir la relation du spectateur à la fiction en travaillant la question du temps, les plateformes qui sont elles-mêmes responsables d'une accélération de la diffusion des séries annihilent en quelque sorte toute leur démarche. Leur nouveau modèle économique qui a entraîné un nouveau mode de diffusion écrase indubitablement ce rapport au temps.

---

21 *Tales from the loop*, Nathaniel Halpern (2020-…).
22 Fau, Benjamin, « *Tales from the Loop* : un magnifique pied de nez à l'air du temps », *Le Point Pop*, 20/04/2020 https://www.lepoint.fr/pop-culture/tales-from-the-loop-un-magnifique-pied-de-nez-a-l-air-du-temps-20-04-2020-2372121_2920.php

Hélène Machinal écrit à propos du caractère infini propre aux séries
« Le phénomène sériel se singularise par l'introduction d'une remise
en question de la fin, qui, comme en fiction apocalyptique, semble
éternellement repoussée. (...) Le principe interruptif de la fin ne semble
plus opérer[23] ». La diffusion sur les plateformes interfère avec le principe
de non-clôture de la série. On pourrait croire qu'en faisant disparaître
grâce à la fonction « skip » générique de fin et de début, les plateformes
accentuent l'absence de clôture. Il est vrai que le *binge-watching* avec
l'enchaînement des épisodes donnent une impression de récit infini.
En vérité, il n'en est rien : la consommation rapide d'épisodes sur les
plateformes précipite au contraire le spectateur vers la clôture, vers la fin
de la série. Elles modifient sa perception du temps sériel. Elles annulent
en quelque sorte la sérialité en supprimant un élément essentiel à sa
production qui est l'intervalle évoquée par Hélène Machinal, ce temps
suspendu où la fiction n'est plus, cet interstice entre les épisodes. La
production exponentielle de mini-séries et séries anthologiques bouleverse aussi ce rapport à l'infini sériel. Les séries anthologiques et mini-
séries sont pensées d'emblée pour avoir une fin définitive, pour être
clôturée. Contrairement à la série télévisée classique, elles ne portent
pas en elles une potentialité narrative infinie, pouvant éventuellement
toujours permettre à la série d'être réactivée, ressuscitée. Les clôtures
de mini-séries ou de séries anthologiques sont bien plus définitives[24]. Le
modèle économique des plateforme VOD encourageant saisons et séries
courtes, fait perdre à celles-ci leur caractère infini. On ne saurait dire
aujourd'hui des séries télévisées qu'elles sont dans un éternel présent,
qu'elles étirent le temps et qu'elles repoussent la fin.

Auparavant le temps de la réception spectatorielle et le temps de la
narration sérielle étaient étroitement liés. Aujourd'hui nous sommes face
à un paradoxe : certaines séries portent toujours en elles des réflexions
sur l'infini, alors que les modes de diffusion imposent de plus en plus
rapidement et définitivement une fin et une clôture aux histoires sérielles.
Quant à la dimension rituelle relative à la série télévisée qu'en reste-t-il
dans ces récents modes de diffusion qui font imploser tout agenda de

---

23 Machinal, Hélène, « Le rapport paradoxal au temps en fiction sérielle », art. cité, p. 9.
24 Notons tout de même que plusieurs mini-séries ont été transformées en série après avoir
    eu un succès d'audience mais cela ne change pas le fait qu'elles ont été pensées à l'origine
    comme un récit fermé.

diffusion ? Si c'est bien la répétition de motifs et de formes inhérentes à la série qui lui donne sa dimension rituelle, ce n'est que dans une réitération dans le temps que celle-ci va s'ancrer. Les plateformes de VOD en nous poussant à la consommation rapide d'épisodes et de séries ne nous éloignent-elles pas définitivement de toute forme de ritualisation ?

VERS UN NOUVEAU CHANGEMENT DE PARADIGME ?

Récemment les plateformes de VOD semblent enfin prendre acte de l'importance de l'intervalle et de l'attente dans la réception des séries télévisées. Netflix propose certaines séries en diffusion hebdomadaire (*Snowpiercer* notamment) et c'est surtout Apple TV qui systématise ce fonctionnement. La plateforme met en ligne les deux premiers épisodes de ses nouveautés d'un coup, puis propose le reste au rythme d'un épisode par semaine. À l'ère du tout accessible des plateformes, on assiste paradoxalement à l'émergence d'une vague nostalgique pour la VHS et l'époque des vidéo-clubs donnant lieu à des documentaires sur le sujet[25]. Le hit de Netflix *Stranger Things*[26] a même ironiquement construit tout son succès sur cette nostalgie pour une époque où l'accès à la fiction était moins immédiat. On peut donc s'attendre à ce que les plateformes évoluent encore dans leur mode de diffusion et offrent des alternatives à un public grandissant qui ne se reconnait pas dans ce type de consommation de la fiction sérielle. Pour autant, l'uberisation de la société dans des domaines qui ne sont plus seulement médiatiques est une réalité dominante. Celle-ci vise à satisfaire rapidement tous les besoins de consommation immédiat (nourriture, objets, rencontres amoureuses) rendant de plus en plus étrangers à nos cœurs et à nos pratiques les espaces d'attente, d'ennui dans lesquels se nourrit l'imaginaire et s'ancre durablement l'émotion. À l'heure où j'écris ses lignes, il semble presque inimaginable de « suivre » une série et ses personnages pendant de nombreuses années. Ce fut le cas pour moi encore récemment avec la série *Homeland*. Pendant huit années,

---

25 *The Last Block-Buster – le dernier vidéo-club*, Taylor Morden, 2020.
26 *Stranger Things*, Matt et Ross Duffer (2016-…).

j'ai eu rendez-vous tous les ans avec Carrie Matheson et Saul Berenson. J'ai assisté à de multiples crises de nerf de Carrie, la voyant plus d'une fois choisir de sacrifier sa vie personnelle et parfois son humanité pour accomplir ses missions. J'ai surtout été le témoin de l'évolution d'une fiction sérielle de concert avec la société qui la regarde. Année après année, je l'ai vue se mettre à douter progressivement des agissements de son pays jusqu'à les remettre complètement en cause. J'ai reconnu les États-Unis réels derrière ceux fictionnels d'*Homeland* marquée par une schizophrénie commune à celle de l'héroïne de la série. L'année dernière, en pleine période de confinement et après huit ans de production, était diffusé le dernier épisode d'*Homeland*. En regardant la série s'achever, une certaine perplexité m'a saisi : je ressentais sans doute pour la dernière fois cette émotion si particulière qui vous saisit quand une histoire et des personnages que vous avez « fréquentés » pendant de nombreuses années vont disparaître définitivement de votre écran et de votre vie.

Maud DESMET

VOIX DE FEMMES DANS LES SÉRIES, DES ÉMOTIONS À L'AUTORITÉ

Interview d'Anaïs Le Fèvre-Berthelot

Anaïs Le Fèvre-Berthelot est maîtresse de conférences en études américaines à l'Université de Rennes 2. En 2020, elle a publié *Speak Up ! Des coulisses à l'écran, voix de femmes et séries américaines à l'orée du XXIe siècle*, aux Presses Sorbonne Nouvelle.

Nicolas CHARLES : Pourriez-vous commencer cet entretien par nous expliquer quels sont vos principaux objectifs dans ce livre qui s'appuie sur de nombreuses séries ?

Anaïs LE FÈVRE-BERTHELOT : *Speak Up !* c'est l'adaptation de mon travail de thèse en études anglophones. C'est le résultat d'une recherche de plusieurs années pendant laquelle je me suis penchée sur la question de la représentation des femmes à l'écran et dans les coulisses dans les séries télévisées des États-Unis, sur une période qui va de la moitié des années 1990 au début des années 2010. Ce travail à certains moments adopte une posture plus historique pour voir comment l'on est arrivé à une période qui correspond à un moment de transition dans la représentation des femmes et du genre, ainsi que dans les rapports de pouvoirs qui se jouent dans les coulisses de l'industrie télévisuelle des États-Unis.

Ce travail est parti d'un constat assez simple : on s'est beaucoup posé dans la critique, mais aussi dans les milieux militants aux États-Unis, la question de l'image des femmes à la télévision et dans les médias en général. Ce questionnement-là amenait à des conclusions qui étaient parfois normatives, avec l'idée qu'il y avait une bonne ou une mauvaise image des femmes : en fonction de l'idéologie de chacune et chacun, la définition de ce que serait une bonne ou mauvaise image pouvait varier. J'ai voulu pour ma part m'intéresser à la voix, avec l'idée que ce concept très large pouvait permettre de poser la question de l'agentivité des femmes, et de ce que les femmes, en tant que créatrices ou productrices dans les coulisses mais aussi en tant que personnages féminins, pouvaient nous dire de la représentation des femmes dans la société américaine à une période donnée.

Je me suis intéressée à ce concept de voix en partant de la voix « physique », de la matérialité de la voix, puis ensuite je me suis tournée vers des questions plus politiques, puisque la voix c'est aussi la place que l'on prend dans la société, dans le débat public, mais ce peut être aussi l'autorité que l'on a dans les coulisses. J'ai donc constitué un corpus qui partait d'un constat : les voix off féminines apparaissent assez tardivement dans les séries de fiction aux États-Unis. Et j'ai ensuite tissé une toile pour interroger la place des femmes à l'écran et dans les coulisses.

N. C. : Quand j'ai lu votre livre, j'ai trouvé cela vraiment intéressant et novateur à au moins deux titres. Le premier, vous l'avez dit, c'est parce qu'il met en avant les études de genre. Le second est votre idée de travailler uniquement autour de la voix. Je voudrais que vous reveniez sur ces points en vous appuyant sur la première partie de votre ouvrage que vous avez intitulée : « Les voix de femmes dans les médias étatsuniens, stéréotypes et dispositifs ». Qu'avez-vous voulu montrer ici ?

A. L. F.-B : Dans cette première partie de mon travail, je propose un panorama de la place des voix féminines dans les médias en général, et donc pas seulement à la télévision. Je partais du constat que les voix de femmes apparaissent assez tardivement dans les séries et que, quand elles sont présentes, elles sont souvent assez marginales. Pour identifier les causes de cette marginalisation, j'ai fait une sorte de généalogie des voix des femmes dans les médias audiovisuels, parce que ce que je montre, c'est que des structures qui se mettent en place à la radio, au cinéma puis à la télévision vont avoir une influence sur les productions de fiction. Je me tourne par exemple vers les débuts de la radio pour montrer que, très vite les voix des femmes ont été exclues des antennes sur des prétextes idéologiques que l'on ancrait dans la technique. On disait par exemple que les voix des femmes ne passaient pas bien dans les micros, sans se dire que peut-être on n'avait pas bien réglé ces derniers pour la fréquence des voix féminines.

La question des voix et des voix off féminines au cinéma a donné lieu à une littérature assez conséquente. J'ai analysé les stéréotypes associés aux voix des femmes dans les médias audiovisuels et mis en évidence la manière dont les voix des femmes sont souvent associées aux émotions, alors que celles des hommes sont plus facilement celles de la raison. Ces usages de la voix ont des conséquences dans les séries télévisées également.

Je montre aussi dans cette première partie qu'il y a un intérêt croissant pour les voix féminines à des moments clés de l'histoire de l'industrie audiovisuelle mais aussi de l'histoire américaine, puisque les mouvements de lutte féministes dans les années 1960-1970 vont permettre aux femmes d'accéder à des positions d'autorité toute relative, mais qui ont permis de faire entendre des voix féminines plus nombreuses dans les fictions, d'avoir des femmes scénaristes, réalisatrices (plus à la télévision qu'au cinéma d'ailleurs, car c'est plus facile pour une femme d'accéder à des postes à responsabilité à la télévision, considérée comme moins prestigieuse que le cinéma ; comme il y a moins d'enjeux économiques, on leur laisse plus de liberté), ce qui permet l'émergence de nouvelles histoires et de nouvelles voix à l'écran. Cette partie se conclut avec un début d'analyse des séries de mon corpus pour montrer aussi que cette question des voix dans les séries devient très vite politique : les voix portent un discours qui émerge dans les années 1990 et suivantes et qu'il s'agit d'analyser.

N. C. : Quelles sont les séries que vous avez étudiées dans votre corpus ?

A. L. F.-B : Le corpus principal s'appuie sur quatre séries qui ont la particularité d'avoir des voix off féminines. Je rappelle que la voix off, c'est la voix que l'on entend sans en voir la source : c'est un terme assez général qui peut désigner des dispositifs parfois variés. J'ai donc principalement étudié *Ally McBeal* diffusée par la Fox, *Sex and the City* diffusée par HBO, *Desperate Housewives* sur ABC et *Gossip Girl*, la plus récente du corpus, une série pour jeunes adultes qui a été diffusée sur The CW. Les voix off dans ces séries illustrent des dispositifs variés. Dans *Ally McBeal* c'est la voix intérieure du personnage éponyme qui nous transmet ses pensées, dans *Sex and the city* c'est la voix de Carrie Bradshaw qui chronique la vie des quatre femmes new-yorkaises, dans

Desperate Housewives c'est une narratrice posthume, Marie-Alice Young dans la plupart des épisodes, puisqu'il y a quelques autres personnages, eux aussi décédés, qui prennent parfois le relais de la narratrice principale. Dans *Gossip Girl*, on a ce personnage du titre, qui est une chroniqueuse mondaine anonyme qui raconte les potins d'une communauté d'adolescentes et d'adolescents dans l'*Upper East Side*.

N. C. : Je trouve absolument fascinant cette idée de travailler sur la voix off en montrant comment, grâce à son utilisation, on peut faire preuve d'une certaine modernité dans ces séries-là qui sont toutes mondialement connues.

A. L. F.-B : Ce qui m'a intéressée avec ce type de dispositif de la voix off, dans une perspective d'études sur le genre, c'est que l'émergence de voix off féminines participe d'un mouvement plus large dans les séries, qui se caractérise par un focus sur l'intimité, sur la vie privée et les émotions des personnages. Un des premiers exemples de voix off féminine que j'ai identifié, c'est celle de Laura Ingalls dans *La Petite maison dans la prairie*, dans les années 1980. Par contre, pour ce qui est des voix off masculines, il y en a dès le début des fictions télévisées, qui sont en fait adaptées de fictions radiophoniques : il va s'agir de voix d'autorité, des voix qui émettent des commentaires censés être objectifs tels que l'on peut les entendre dans les documentaires. Tandis que lorsqu'émergent des voix féminines, cela va être la plupart du temps des voix intérieures ou des voix d'enfant, ou des voix qui correspondent à un récit de journal intime. Cela correspond à l'émergence d'un nouveau type de personnages dans les séries et à un intérêt plus poussé pour l'intimité des personnages et pour les relations interpersonnelles.

Ces voix-là vont influencer à leur tour les voix masculines et on va avoir dans les années 2000 l'émergence de voix off masculines différentes, qui cherchent à mettre en évidence la dichotomie entre le personnage public et sa vie privée. On voit ainsi des personnages qui doutent comme dans *Scrubs*, ou l'équivalent de Marie-Alice Young avec la voix de *Dexter* qui nous fait rentrer dans la tête du serial killer. C'est important de bien écouter et d'étudier les voix off parce que, quand elles sont bien faites – ce n'est pas toujours le cas et les scénaristes dénoncent souvent ce procédé comme une facilité d'écriture – les voix off peuvent être un outil très créatif qui permet de mettre en évidence des doutes et des contradictions et de représenter des personnages de manière beaucoup plus nuancée.

N. C. : Vous avez intitulé la dernière partie de votre ouvrage « Les voix en réseau, diffusion de l'autorité ». Qu'avez-vous voulu montrer dans cette partie ?

A. L. F.-B : Cette partie s'éloigne du contenu même des séries pour aller regarder ce qui se passe autour. En premier lieu, je montre comment cette métaphore de la voix est filée dans l'industrie en mettant en avant la figure de l'auteur ou de l'autrice. C'est intéressant de noter que cet essor des voix off que l'on entend à l'écran va de pair avec la mise en valeur de showrunner ou de showrunneuse. Cette mise en avant des scénaristes n'était pas aussi évidente avant les années 2000 et pour moi, cela s'inscrit dans un phénomène marketing où la télévision acquiert une légitimité culturelle. Je montre donc ici que les voix sont aussi utilisées par les différents réseaux pour définir des identités de marque. En fonction de la structure du réseau, des modes de financement, si ce sont des grands réseaux qui dépendent de la publicité ou si ce sont des chaînes à péage comme HBO qui dépendent des abonnements, le rapport à la voix, et surtout à celle des femmes va être différent. Un excellent exemple de ce phénomène est The CW, le réseau qui a diffusé *Gossip Girl* : c'est un réseau récent au moment de la sortie de la série, le dernier né des réseaux gratuits aux États-Unis et il fait toute une communication sur le fait que les séries de The CW ont la particularité de porter la voix des jeunes, la voix des femmes.

Ensuite, toujours en filant cette métaphore, j'ai pu interroger les scénaristes des séries sur lesquelles j'ai travaillé pour leur demander justement ce que voulait dire pour elles et pour eux cette métaphore de la voix, comment est-ce que la voix off était perçue dans leur travail, à quoi est-ce que ça leur servait. J'ai aussi interrogé une majorité de scénaristes femmes et je leur ai demandé comment leur voix était entendue, est ce qu'elles pensaient qu'elles avaient une voix particulière parce qu'elles étaient des femmes dans les « writers rooms » ? C'est quelque chose qui est intéressant car les scénaristes avec qui j'ai eu des entretiens ont tous et toutes travaillé sur des séries avec des voix off mais beaucoup ont reconnu que dans leur métier, ce procédé est vu comme une béquille, une facilité d'écriture. Mais elles et ils ont aussi voulu montrer en quoi, eux, dans la série qu'elles et ils ont écrite, elles et ils en avaient fait quelque chose de différent. Ce sont aussi des scénaristes qui ont travaillé sur des séries avec des personnages féminins qui refusent l'idée de l'écriture féminine : cela dit beaucoup de choses sur le fonctionnement de l'industrie audiovisuelle, mais aussi sur la place des combats féministes dans celle-ci.

Enfin, la dernière manière de filer la métaphore de la voix dans l'industrie, c'est de montrer comment les voix off, mais aussi les voix chantées ou les voix des dialogues, permettent de continuer à tisser le récit sur d'autres plateformes. Dans le cas d'*Ally McBeal*, on retrouve les voix dans des CD de bandes originales qui ont eu un grand succès. Avec *Desperate Housewives*, on va développer des jeux vidéo. L'exemple le plus frappant est *Gossip Girl* avec The CW, puisque la série, elle-même adaptée d'une série de livres, est ensuite déclinée sur Facebook, dans Second Life, et à chaque fois la voix de *Gossip Girl* est le fil rouge qui fait que l'on est sûr que les téléspectatrices et téléspectateurs ne vont pas se perdre et vont continuer de suivre le récit sur les différentes plateformes, avec évidemment tous les bénéfices économiques qu'il y a à en tirer.

Nicolas CHARLES,
Anaïs LE FÈVRE-BERTHELOT

SÉRIES-THÉRAPIE

Le regard d'une psy sur les névroses
et les psychoses des personnages de séries

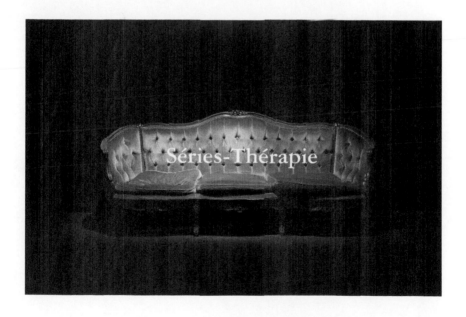

ÉPISODE 3 : « PLONGÉE EN EAUX TROUBLES »

La phobie : quand l'angoisse submerge tout…

> On a peur, on s'imagine avoir peur. La
> peur est une fantasmagorie du démon.
> Georges BERNANOS

Si aujourd'hui la psychothérapie s'est invitée dans les séries tv – il n'y a qu'à observer le succès de *En thérapie* pour s'en rendre compte –, elle a connu ses prémisses dans l'univers de la mafia et les mésaventures douloureuses de Tony Soprano. Or qu'arrive-t-il à ce mafieux en mal de vivre ? Anxiété maximale et crises d'angoisse…

Après la névrose hystérique et la névrose obsessionnelle, pour parfaire le tableau, il semblait nécessaire d'aborder dans ce troisième volet de *Saison*, l'hystérie d'angoisse ou névrose phobique. Tout naturellement mon choix s'est porté sur trois personnages anxieux, deux d'entre eux sont décalés par rapport à l'univers dans lequel ils sont censés évoluer ; le troisième est davantage victime de son désir de (trop) bien faire qui le paralyse.

Les deux premiers s'appellent Tony Soprano et Bohort. Le troisième : Randall Pearson.

Qui est Tony Soprano ? Et en quoi est-il un bon exemple d'hystérie d'angoisse ? Telle est la question à laquelle je vais m'efforcer de répondre.

Tony Soprano est d'abord un mafieux en devenir. En tant que malfrat, il se doit d'être fort pour pouvoir commettre des actes affreux sans avoir (trop) de remords… Seulement cet homme vient d'être victime de qui s'apparenterait à une crise cardiaque. Pour un homme jeune comme lui et de sa stature, il n'est pas possible d'être mal, de faire une dépression et d'accepter de laisser aller une certaine tristesse ou apathie. En revanche, faire un infarctus, c'est tout à fait acceptable !

En ce sens, on pourrait voir dans son « attaque » une conversion hystérique : c'est le corps qui parle là où lui n'arrive pas à dire ni qui il est, ni ce qu'il ressent. Mais Tony Soprano présente tous les symptômes d'une pathologie anxieuse. À sa première crise (cardiaque) s'ajoutent d'autres crises... d'angoisses. Et les symptômes évoluent. L'immense tristesse qui envahit cet homme se double d'une douleur morale : il reste là, en peignoir, sans bouger. Il y a comme une baisse d'énergie profonde, un ralentissement global, d'ordre psychomoteur. Cet état n'est pas celui d'une tristesse passagère. Il teinte son rapport au monde. S'il hésite à suivre un traitement, c'est parce que ce serait pour lui, d'une certaine façon, reconnaître son mal-être. En ce sens, il est assez représentatif des personnages de séries tv habituels (on retrouve cette défiance vis-à-vis des médicaments chez Carrie Mathison, dans *Homeland*, qui est bipolaire) et des patients, que l'on reçoit dans nos cabinets, qui ne veulent pas se retrouver dépendants... de médicaments ou même de la thérapie en tant que telle.

Si, à travers cette série, David Chase imagine les vicissitudes du quotidien d'un parrain sous Prozac, il ne fait que mettre en exergue la difficulté d'accepter sa vulnérabilité pour un homme d'affaires et un chef de famille. Tony Soprano ne peut pas avouer à son entourage qu'il est suivi par une thérapeute parce que cette question touche aux valeurs fortes de la mafia italo-américaine du New Jersey dont il est issu : l'honneur et la dignité. Reconnaître sa fragilité, c'est risquer de perdre pied, voire de tout perdre. Il se retrouve aux prises dans un conflit de loyauté. Mais comme Tony n'est pas d'abord un chef mais tout simplement un homme, voire un petit garçon bloqué dans un complexe d'Œdipe difficile à dépasser avec une mère toxique, la crise est inévitable. Trop de pression conduit inévitablement à la dé-pression...

Entre Carmen, son épouse au foyer tiraillée entre une foi quasi mystique et un rejet du « milieu » et sa mère, véritable *mamma* italienne toujours aux manettes de tout, ayant l'air de ne pas y toucher et qui fait preuve d'une certaine perversité, Tony ne sait plus où donner de la tête ; d'autant qu'il doit veiller au grain : ces deux progénitures ne sont pas des enfants modèles ! Tony Jr passe ses journées devant l'écran de télévision et Meadow est en crise d'adolescence... si bien que tout se mélange pour Tony au point de ne plus très bien savoir ce qu'il veut... Dès lors, c'est l'inconscient qui parle et qui le paralyse.

Pour bien comprendre ce qui lui arrive, revenons un instant sur la définition même de « névrose phobique ». Cette expression trouve son origine dans le terme grec « phobos » qui veut dire « crainte soudaine » ou « effroi ».

Freud a fait de la névrose phobique ou hystérie d'angoisse l'une des trois grandes névroses possibles des personnalités névrotiques. Dans l'hystérie d'angoisse, l'angoisse est soit libre (dans les crises d'anxiété) soit projetée sur une situation ou un objet particulier (araignée, ascenseur, avion, foule, etc.) alors que dans l'hystérie de conversion (comme on a la retrouve chez les grands personnages hystériques, telles que Laura de *In treatment*, Susan de *Desperate Housewives* ou Debra dans *Dexter*), elle est convertie.

En psychanalyse, on distingue l'« angoisse » de la « peur » : la première est une sensation déplaisante sans objet sur lequel se projeter puis elle devient peur lorsqu'elle trouve l'objet sur lequel elle se fixe : on a peur *de* quelque chose, on a la phobie du sang, des lieux clos ou des serpents... Quoiqu'il en soit ce qui est à l'origine de la névrose en tant que telle, ce n'est pas la peur, mais bien l'angoisse. Chez Freud, elle se caractérise par une angoisse de castration en lien avec la sexualité ; pour un thérapeute comme Irwin Yalom, elle est existentielle. C'est notre propre finitude qui nous angoisse. Car elle nous met face à la question du sens ou du non-sens de notre vie. C'est cette question fondamentale qui est au cœur de la problématique de Tony Soprano. Quel sens tout cela a-t-il ?

Souvent, les grands anxieux sont des gens qui ont peur d'avoir peur. On pourrait très bien imaginer que c'est cette peur là que Tony cherche à éviter avant tout. Comment un chef de la mafia pourrait-il accepter d'avoir peur ?

Or une telle angoisse confine très souvent à l'isolement, à la timidité ou à la dépression. Certaines personnes très anxieuses en viennent à laisser les évènements choisir à leur place, par peur des conséquences de leurs choix. Le mécanisme causal de cette névrose est un conflit inconscient. Au fond, le sujet a peur de ses pulsions.

Dans le cadre des phobies, l'angoisse liée à l'émergence des pulsions se déporte sur un objet « dérisoire ». C'est parce que le sujet ne peut pas assumer ses pulsions et aussi pour nier leur réalité qu'il déplace son angoisse sur un objet symbolique. Ainsi Adrian Monk (de la série du même nom) lutte, au début du premier épisode de la saison 1, contre ses tendances auto-érotiques en reportant son anxiété sur les boutons de la gazinière (ouverts ou fermés) et l'emprise de sa phobie est à la mesure de sa lutte interne. Si Monk est probablement à mi-chemin entre névrose obsessionnelle, névrose phobique et autisme, il est clair que ces TOC et toutes les phobies qui l'envahissent sont autant de mécanismes de défense qui lui permettent d'éviter ses pulsions, notamment érotiques puisque sa femme est morte assassinée et qu'il n'est plus envisageable pour l'enquêteur de s'autoriser à éprouver du désir. La culpabilité serait trop grande... en témoigne ce premier épisode dans lequel il est mis en scène sur une scène de crime face à un crucifix. Ce type de comportements l'amène donc à être tout le temps sur le qui-vive et à éviter toute confrontation (amoureuse) à l'autre sexe, pour ne pas rejouer le problème de la castration vécu pendant l'Œdipe ; ce qui se traduit par un défi et besoin d'être rassuré, permanents. En ce sens, Monk se retrouve dans une sorte de fuite en avant, avec un réinvestissement narcissique continuel puisque tout son comportement consiste à conjurer l'angoisse en évitant l'objet de ses phobies ou en se tournant vers un objet rassurant, en l'occurrence son assistante.

On retrouve le même mécanisme dans la série *L'art du Crime*, diffusée sur France 3. Dans cette série d'enquêtes policières dans le milieu de l'Art, l'héroïne, historienne, est immanquablement liée au policier qu'elle seconde car elle est acrophobe, c'est-à-dire qu'elle redoute de se retrouver dans une situation au cours de laquelle elle serait en hauteur, susceptible de tomber ou de s'effondrer en l'absence d'aide ou de protection. Or elle s'est rendu compte, en échangeant avec sa psychothérapeute, que la seule « chose » qui l'empêche d'avoir ces vertiges c'est un objet contraphobique, en l'occurrence, son coéquipier. La jeune femme ne parvient à affronter ses phobies qu'en présence de son partenaire. Il est évident que ce ressort dramatique fortifie la relation de co-dépendance des deux personnages en promettant de jolies scènes de comédies ; mais elle raconte surtout ce qui se joue dans la névrose phobique : le déplacement du désir. L'héroïne ne parvient pas à faire face à son désir (pour le policier avec qui elle travaille) ; elle s'organise donc pour ne pouvoir vivre « sans lui ». Elle déplace sa problématique sexuelle en mettant en place une phobie, ce qui inconsciemment est plus acceptable pour elle.

Alors bien sûr, ici, la névrose est explorée pour son versant comique et n'est peut-être pas suffisamment creusée à travers la psychologie du personnage qui pourrait faire face à des affres plus grandes ; toutefois, elle rend compte – certes de manière superficielle – des conflits inconscients à l'œuvre chez les névrosés pour qui la question de l'amour est fondamentale.

Il en va de même pour le personnage de Bohort dans la série *Kaamelott* d'Alexandre Astier. Si celui-ci conserve bien des traits de caractère du Bohort original de la légende arthurienne, qui est décrit comme un homme vertueux, plein de compassion et de bienveillance, il apparaît toutefois ici comme un bien pitoyable chevalier.

Fuyant constamment devant l'adversité, Bohort a peur de la moindre menace et est incapable de se battre (confessant même à Arthur n'avoir jamais fait ses classes d'armes). À l'image d'un enfant fragile qui a peur du noir, il s'inquiète de tout : de la nuit, du bruit des animaux, de se retrouver confronté aux armées ennemies (même lorsque les soldats ne sont que deux, comme c'est le cas devant les hommes d'Attila). De fait, il éprouve une profonde culpabilité liée à ses manquements et a toujours peur de trahir l'honneur de son roi s'il commet la moindre bévue.

Au vu de tous ces caractères peu propices à la chevalerie et de ses goûts très raffinés voire efféminés, les autres chevaliers imaginent aisément que Bohort est homosexuel. Or le fait qu'ils n'ont jamais vu son épouse à Kaamelott ne contredit pas, du moins au départ, cette hypothèse. Plusieurs habitants du château dont Dame Séli doutent même que Bohort soit vraiment marié, pensant qu'il s'est inventé une femme pour mettre un terme aux rumeurs quant à sa sexualité. En outre, sa très grande fidélité à la loi et à Arthur, ainsi que ces vues progressistes envers la gent féminine, la torture et la peine de mort tendraient à donner à Bohort un profil peut-être plus obsessionnel que phobique. Mais la preuve de l'existence de sa femme (dans l'épisode *Au Bonheur Des Dames*), de même que la relation à sa mère très (trop) protectrice font pencher à mon sens sa problématique du côté de la névrose phobique. En effet, la mère de Bohort cherche à protéger son fils de tout et l'idéalise. Elle projette sur lui ses propres angoisses et désirs. Elle s'inquiète pour lui et craint pour sa vie, lorsqu'il part en quête, dans le but de prouver sa bravoure à Arthur et s'enorgueillit lorsqu'elle considère qu'il est devenu un héros ; si bien que Bohort n'existe pas pour lui-même mais comme faire-valoir.

Personnage non-violent, tolérant et diplomate, il croit aux vertus du dialogue et de la courtoisie. Prônant la paix (par peur du conflit qu'il évite au maximum), il rêve d'un monde meilleur et joyeux. C'est dans cette optique qu'il organise banquets et spectacles, par idéalisme et besoin de réparer le monde qui l'entoure. En ce sens, il cherche à rendre les autres heureux car son bonheur passe par celui des autres. En cela, c'est un vrai névrosé puisque l'autre compte absolument pour lui. Mais sa névrose le bloque bien souvent dans une posture d'évitement qui le bloque dans son affirmation personnelle. Il n'en reste pas moins touchant, à cause de ses failles probablement.

Le personnage de Randall Pearson (*This Is Us*) est lui aussi particulièrement attachant du fait de ces fêlures. Chez lui, elles sont multiples et lourdes : fils adoptif de Jack et Rebecca, il est abandonné par son père devant une caserne de pompiers avant de devenir un enfant de « remplacement » pour le couple de ses parents adoptifs. Si ceux-ci comprennent vite que prénommer leur nouveau fils du nom de leur enfant décédé risque de lui poser des problèmes d'identité et choisissent donc finalement de le rebaptiser Randall, celui-ci a toujours des difficultés à se faire une place. Et pour cause : noir dans une famille blanche, il est en admiration devant son frère, qui a du mal à l'accepter. Dur dur de se créer sa propre personnalité. En quête d'amour, de reconnaissance et d'identité aussi, Randall recherche la perfection, persuadé qu'il pourra être ainsi vraiment aimé. Cette recherche de perfection, toutefois, lui fait porter une énorme pression difficile à soutenir. D'où une forte anxiété depuis l'enfance. Petit déjà, les crises d'angoisse le paralysent, comme en témoigne un des flashbacks. Dans cette scène, alors que Randall fait ses devoirs, il est victime d'une crise de panique devant son frère qui l'ignore. Cette anxiété, apparue dans l'enfance, se perpétue à l'âge adulte. Et pour cause, à 36 ans, Randall a beaucoup à gérer : pression au travail, temps à consacrer à sa famille, quête du père (dont il découvre que sa mère adoptive connaissait son identité d'une part et que, d'autre part, il est mort d'un cancer)... Tout cela fait beaucoup pour un seul homme. Alors inévitablement, ça craque. C'est exactement ce qui se passe dans l'épisode 17 de la saison 1. Ultra organisé, toujours de bonne humeur et préparé, Randall, qui cherche à tout contrôler, est submergé par l'angoisse. Quand la crise le submerge, il transpire, ses mains tremblent. Sa vision se brouille. Il a du mal à respirer et se met à faire de l'hyperventilation. Il panique. Littéralement. Comme s'il allait mourir. Soudain, la pression est trop forte et il s'échappe à lui-même...

Au moment où il en a le plus besoin, Kevin, son frère, arrive et parvient à le réconforter. Enfin. Randall peut laisser aller la crise et accepter sa vulnérabilité.

Conserver ses angoisses à l'intérieur et mettre un mouchoir sur ses peurs en faisant comme si elles n'existaient ne marche pas. Ce n'est pas en se mettant une pression insoutenable pour être parfait, au point de se provoquer des crises de panique terribles pour l'entourage et pour soi-même que l'on réussit. La clé : lâcher prise, dire ce que l'on ressent, parler, ouvrir un espace de communication avec l'autre, écouter. Or c'est ce qui permet à Kevin et Randall de se (re)trouver, le premier passant outre sa rancœur d'avoir été, à ses yeux, négligé au profit du second. C'est faire face aussi à la réalité de l'existence, une existence qui nous met devant notre propre finitude.

En cela les trois Séries, *Les Soprano, Kaamelott* et *This Is Us* questionnent, sur des tonalités différentes, le poids du clan (de la famille pour les deux séries américaines, de la cour arthurienne pour la série française) et les conflits de loyauté qui en découlent, en nous rappelant que la mort rôde toujours un peu partout et qu'on n'a pas grand-chose à faire sinon l'accepter, et tenter d'avancer. Car c'est en éprouvant continuellement le désir de contrôler le monde extérieur ou de chercher à maintenir sous contrôle ce qu'il a réprimé, que l'individu se forge une névrose phobique. De fait, lâcher prise et laisser aller de temps à autre en accueillant le fait de ne pas pouvoir tout gérer, voilà autant de possibilités de dépasser la névrose et de se laisser vivre, en toute humilité.

Emma SCALI

RUBRIQUE LIVRES

Cyril GERBRON, *The Young Pope, la tiare et l'image*, Tours, Presses Universitaires François Rabelais, collection Sérial, 2021.

The Young Pope, paru dans la collection Sérial des Presses Universitaires François Rabelais, est un ouvrage posthume de Cyril Gerbron, spécialiste de l'Histoire de l'art religieux à la Renaissance. Stéphane Rolet, directeur de la collection a souhaité le publier malgré le décès prématuré de son auteur, alors même que l'ouvrage n'était qu'à l'état de manuscrit. Tout le travail d'édition et de création de l'ouvrage a été effectué sans l'auteur, ce qui a ralenti tout le processus de production de ce titre. La série *The Young Pope*, évoquant la papauté à Rome est exceptionnelle, car il y a peu de séries basées sur le fait religieux ou même sur l'Église catholique. On se souvient de la série *Ainsi soit-il*, mais ce n'était pas du tout la même chose car elle présente la vie de jeunes séminaristes et non pas celle des dirigeants de l'Église, une série donc plus au « ras du sol » c'est-à-dire plus proche du quotidien des desservants, ce qui n'est pas le cas de *The Young Pope*. Il y a eu aussi la déclinaison sérielle du *Nom de la rose*, inspirée du roman d'Umberto Eco, mais l'action se passait au Moyen Âge et non pas à l'époque contemporaine.

La série *The Young Pope* frappe les spectateurs par la présence continue et constante des œuvres d'art à l'écran. Le générique lui-même est saturé d'images où l'art est représenté sous différentes formes. Les épisodes mettent constamment en scène des fragments d'œuvres, voire des œuvres entières : peintures, sculptures, œuvres contemporaines ou anciennes, elles sont omniprésentes à l'écran. Cyril Gerbron a été sensible à tout cela, à cette relation des œuvres d'art entre elles, au pouvoir des images de la série sur le spectateur, mais surtout au pouvoir sur la série elle-même d'images existantes qui ont stimulé sa création. Cyril Gerbron a toujours été subjugué par l'aspect anthropologique des œuvres d'art : il avait fait une thèse sur Fra Angelico intitulée « Liturgie et mémoire ». Il y cherchait à comprendre le pouvoir des images sur la liturgie catholique à la Renaissance car, dans les musées, les œuvres apparaissent complètement décontextualisées. Il a réfléchi, dès ce travail de thèse, à comprendre comment ces peintures servaient à favoriser la production d'autres images, mentales celles-là, chez les croyants comme chez les clercs. Cyril Gerbron s'intéressait aussi aux séries télévisées : il avait ainsi rédigé un article sur la question religieuse dans *Orange is the new black*[1].

The Young Pope est un ovni sériel, donc. Au moment où il écrit son ouvrage, il n'y a pas de suite prévue : le présent volume doit donc être compris par le lecteur comme un essai qui porte sur un tout achevé[2]. C'est aussi une série d'auteur, ce qui a aussi plu aux directeurs de collection, comme d'ailleurs le fait qu'elle ne soit pas issue du monde anglo-saxon mais italienne. C'est une série de Paolo Sorrentino, chef de file du cinéma italien d'aujourd'hui. Elle est très complexe et l'ouvrage en propose une lecture originale, où les images religieuses sont une des clés de la compréhension car elles permettent une visualisation de la pensée du personnage principal *The Young Pope* commence par l'élection d'un nouveau pape, jeune (47 ans), américain, élu car la Curie le pense manipulable. La première saison suit ce nouveau pape (d'où le titre de la série) pendant la première année de son pontificat, de son élection au moment où il tombe dans le coma à la fin de la saison.

Compte tenu de la spécialité de Cyril Gerbron, historien de l'art, les images sont au cœur de l'étude de ce dernier dans l'ouvrage, mais il faut aussi comprendre qu'elles sont au cœur de la série de Sorrentino. Dans cette série, l'image n'est pas seulement générée par la caméra, elle est aussi génératrice d'autres images dans l'esprit du spectateur c'est-à-dire que celui-ci voit bien sûr les images de la série, mais, en même temps, elle montre des œuvres qui ont servi de source créatrice à de nombreux artistes comme au réalisateur lui-même. Sorrentino explique que l'idée de la série lui est venue à partir de la vision d'une image qui n'existe pas, qui est de l'ordre du rêve. Dans celle-ci, Jean Paul II, tout de blanc vêtu, skie entre des croix noires. Celle-ci a été suscitée par plusieurs images réelles de ce pape très sportif au début de son pontificat dans les années 1980. Sorrentino a fait un travail mental

---

1   La question religieuse dans « Trust No Bitch » (*Orange Is the New Black*, S3E13), *Débordements*, mis en ligne le 27 janvier 2018 http://www.debordements.fr/ La-question-religieuse-dans-Trust-No-Bitch.

2   Il y a eu depuis une suite, mais l'ouvrage a été rédigé avant sa sortie n'étudie que cette première saison.

de réarrangement et de re-sémantisation des images qui est à l'origine de la création de la série.

Le présent volume ne se veut pas exhaustif : ce n'est pas une monographie qui aborde tous les aspects de la série. Il y a des aspects absents comme par exemple le Massacre des innocents dans le premier épisode où on voit un grand nombre de nouveaux-nés morts, et un bébé qui rampe sur les autres : le nouveau pape en train de rêver. Le Massacre des innocents est une référence biblique évidente que Cyril Gerbron n'étudie pas car ce n'est pas au cœur de sa démonstration, comme d'ailleurs la musique du générique, une reprise de Bob Dylan où il est question de la chute de Babylone. Mais son essai est particulièrement stimulant pour la réflexion, en particulier sur le pouvoir des images dans la série. Il montre que les images sont au cœur de l'écriture sérielle car elles invitent à la réflexion quand on regarde la série. Il les étudie ici en détail pour nous inviter à comprendre toute la complexité de l'œuvre de Sorrentino. Dans ce générique, un modèle du genre, c'est le parcours que déroule sous nos yeux la marche du nouveau pape Pie XIII à partir d'images-clés sur des aspects de la vie qui taraudent le personnage principal liées à des tableaux religieux célèbres que l'on retrouve au Vatican. Dans toute la série, les œuvres suscitent donc les interrogations du spectateur et rappellent en même temps les interrogations que se pose le personnage principal. Il y a donc ici, comme le montre dans son ouvrage Cyril Gerbron, une double narration de l'image, directe et indirecte qui agit de façon différente chez le spectateur : faire avancer la narration sérielle mais aussi susciter son interrogation sur le sens de la série. Dans cette série, il n'y a pas d'œuvre d'art qui est là par hasard, tout a été calculé par le réalisateur pour nourrir la narration sérielle. Grâce à une succession d'images savamment orchestrées Sorrentino crée une série à part sur le plan visuel, une série à l'esthétique si particulière que retranscrit ici très bien Cyril Gerbron.

The Young Pope est un ouvrage à part, de par l'histoire, tragique, de sa conception mais aussi et surtout par l'angle choisi par l'auteur pour nous faire voyager mais aussi nous interroger à partir de cette série si particulière. Il nous fait nous interroger sur notre façon de regarder les images, de regarder les séries. Il nous fait comprendre aussi qu'une série c'est un objet filmique où le réalisateur a le temps, plus qu'au cinéma, de développer son propos. L'épaisseur du temps est au cœur de l'écriture sérielle et Cyril Gerbron nous montre comment dans cette série les images, de par la longueur de leur analyse, sont essentielles pour Sorrentino. Un ouvrage, comme la série, qui est à découvrir.

Nicolas CHARLES

*
*   *

Virginie MARTIN, *Le Charme discret des séries*, Paris, humenSciences, coll. Débat, 2021.

Ce livre est desservi par son titre. Celui-ci évoque deux objets très différents : le film de Luis Buñuel (*Le Charme discret de la bourgeoisie*, 1972) et le titre français du récent best-seller de Giulia Enders sur « un organe mal aimé » (*Le Charme discret de l'intestin*, 2015 pour la traduction française). Or, tous deux sont très éloignés, à tous points de vue, de l'ouvrage de Virginie Martin qui, comme l'indique la quatrième de couverture, s'attache à montrer que les séries « influencent notre façon de voir le monde [et] participent d'un soft power mondial à l'ampleur inédite ».

Plutôt que celle de « charme », c'est la notion de pouvoir qui donne son unité au livre et lui fait rejoindre d'autres publications récentes sur ce thème, notamment un hors-série du magazine *Le Point*[3] et un ouvrage collectif consacré aux séries politiques[4]. La première partie (« Les séries : un objet puissant ») est assez isolée du reste de l'ouvrage en ce qu'elle s'intéresse au pouvoir que les séries ont sur nous. Elle s'appuie sur des références de sociologie, psychologie et neuro-sciences et mobilise des

---

3   « Le pouvoir expliqué par les séries », hors-série « Le Point Pop », n° 7, *Le Point*, novembre 2020.

4   Lefebvre, Rémi et Taïeb, Emmanuel, *Séries politiques : Le pouvoir entre fiction et vérité*, Louvain-la-Neuve, De Boeck Supérieur, collection « Ouvertures politiques », 2020, 192 p.

concepts comme « storytelling », « addiction », « stimulus » ou « hypnose » (p. 13-42). L'autrice justifie rapidement ce point de départ en soulignant dans l'introduction que c'est parce qu'elles parlent à « notre intelligence émotionnelle » (p. 10) que les séries ne sont pas seulement de « charmantes distractions » (p. 10) mais bien « un moyen, un incubateur, un influenceur et même un diseur d'avenir » (p. 11).

C'est dans les quatre parties suivantes que le livre dévoile son propos principal : aborder les séries comme des objets – produits, outils voire armes – politiques et géopolitiques. Sur 222 pages au total, les 150 environ qui forment le cœur de l'ouvrage sont divisées en 23 courts chapitres qui abordent une grande diversité de pays et, même si l'on est frustré que chaque étude de cas ne soit pas plus développée, c'est un plaisir de lire un livre sur les séries qui va chercher ses exemples en Turquie, en Israël, au Japon, au Nigéria ou en Inde, et pas seulement aux États-Unis et en Europe de l'ouest.

Ainsi le chapitre 8 (dans une partie intitulée : « Bras de fer géopolitique et séries ») remarque que les séries constituent « un très bel exemple de diffusion culturelle Sud-Sud » (p. 60), les *telenovelas* latino-américaines s'exportant bien – et depuis longtemps – en Afrique, où elles sont entrées notamment par les pays lusophones (Angola, Cap-Vert) qui étaient des destinations évidentes pour les fictions brésiliennes. Le chapitre 5, quant à lui, s'appuie sur l'indienne *Leila* et la turque *Bir Başkadir* pour montrer comment Netflix s'oppose à sa manière respectivement aux projets de « grande Turquie néo-ottomane d'Erdogan » (p. 50) et à la politique « national-populiste » de Modi (p. 181).

La troisième partie (« Les séries comme ouverture aux mondes ») examine le pouvoir qu'ont les séries de remettre en cause certaines de nos normes en multipliant les exemples de cet « univers plus ouvert [qui] semble [y] être proposé » (p. 66) : « un univers fait de femmes, cis ou non, de sexualités hétérosexuelles ou homosexuelles, de personnages racisés, de protagonistes plus ou moins âgés [...] Et en matière de représentations, on sait combien cela compte ». Les deux dernières parties s'intéressent chacune à un genre : la quatrième aux séries politiques (« celles qui parlent pouvoir, actions publiques et élections », p. 112) et la cinquième aux séries dystopiques, vues comme des « lanceuses d'alerte » (p. 155).

Les très nombreuses séries citées dans ces trois parties, et dans l'ensemble de l'ouvrage, sont très majoritairement des productions dont la première diffusion est postérieure à 2010. Dans la « série-graphie » qui figure à la fin de l'ouvrage, seule une trentaine de séries sont antérieures à cette date, sur plus de 160 en tout. Même si l'on comprend le choix de se concentrer sur la production récente, d'ailleurs pléthorique, on peut regretter qu'il tende à faire croire que les séries ne « peuvent [...] nous éveiller » (quatrième de couverture) que depuis l'essor de Netflix. Dans la partie 3, par exemple, il aurait été utile de rappeler que dès les années 1970-1980, des séries américaines et britanniques ont choisi comme protagonistes des vieilles (*Golden Girls*) et des vieux (*Dad's Army*), ou se sont construites autour d'une distribution principale faite quasi-exclusivement d'actrices et d'acteurs noirs (*The Jeffersons*), puis à partir de la fin des années 1990 des homosexuels hommes et femmes (*Queer as Folk*, *The L Word*). Dans la partie 5, on aurait pu rappeler que la dystopie à la télévision remonte à la fin des années 1950 (*The Twilight Zone*) et que si certaines séries post-apocalyptiques très contemporaines (l'autrice cite la coréenne *My Secret Terrius* et la russe *To The Lake*, p. 158-159) paraissent « visionnaires » sur la crise sanitaire actuelle, on pourrait en dire presque autant de *Survivors*, mise à l'antenne sur BBC1 en 1975, et qui se déroule dans un monde décimé par une pandémie d'origine chinoise diffusée par le transport aérien.

Il ne s'agit pas de minimiser le caractère novateur des productions récentes en disant que tout a déjà été fait avant : *Orange Is The New Black* n'est pas un épigone du *Cosby Show*. On voudrait seulement rappeler que les séries avaient un pouvoir d'« ouverture » ou une fonction de « lanceuses d'alerte » avant l'âge des plateformes et de la légitimation culturelle globale.

Il n'en reste pas moins que le livre de Virginie Martin apporte sur le fond une contribution notable à l'étude politiste des séries. De plus, dans le paysage éditorial sur les fictions télévisées, il aide à réduire le déséquilibre encore existant entre une majorité de publications monographiques (ou de recueils d'articles monographiques) et une minorité de travaux de synthèse qui permettent de rapprocher dans un même chapitre des séries de genres et de pays différents.

Ioanis DEROIDE

RÉSUMÉS

Frédérique MATONTI, « *Ici tout commence*, un roman d'éducation morale collective »

Ici tout commence se situe dans une école de cuisine. Parce que le travail y est concurrentiel et que sa direction est en suspens, la quasi-totalité des personnages connait des dilemmes moraux. Après avoir présenté la manière dont la série joue sur les effets de réel, l'article se centre sur les épreuves des élèves liés à la sexualité et au consentement. Elles font d'*ITC* un roman d'éducation morale collective.

Mots-clés : morale, conflits, sexualité, consentement, genre.

Fabien DEMANGEOT, « *Euphoria*, trouble dans le genre et sexualité adolescente »

Euphoria, la série créée par Sam Levinson, a révolutionné l'univers du *teen drama* en choisissant d'être très crue et provocatrice dans son approche de la sexualité adolescente et des dérives de la génération Z. Sans pour autant que les excès ne soient l'objet d'un discours moralisateur et en évitant soigneusement le piège de la surenchère *trash* pour proposer une étude de caractère d'une grande subtilité.

Mots-clés : sexualité, réseaux sociaux, genre, féminité, transsexualité.

Édouard JOUSSELIN, « BoJack Horseman, ou la recherche du bonheur impossible »

BoJack Horseman, dessin animé, suit un cheval alcoolique et drogué, ancienne star d'une sitcom culte. Cette série nous fait toucher, comme rarement une œuvre de fiction, la frontière entre le rire et les pleurs, entre le comique et le tragique, s'érigeant comme modèle de « dramédie » (contraction de drame et de comédie) ou de « sadcom » (sitcom triste). Elle est, peut-être, la comédie la plus triste jamais réalisée.

Mots-clés : dramédie, humour, dépression, échec, bonheur.

Guillaume MERZI, « *Tin Star* et *Goliath* ou l'homme cataclysmique »

Goliath et *Tin Star,* lancées en 2016 et 2017, apparaissent comme deux séries très bien réalisées, emmenées respectivement par Tim Roth et Billy Bob Thornton dans les rôles principaux, et « à part » dans leur morale. L'ambition de l'article est d'explorer plusieurs aspects pour souligner en quoi ces deux séries considèrent l'Humain comme un problème et s'il doit – ou peut – faire partie de la solution.

Mots-clés : morale, nature, ultralibéralisme, pessimisme, rédemption.

Hélène JOLY, « À la conquête de la série. *La Maison du mystère*, une œuvre ambitieuse et internationale »

La Maison du mystère (1922), série adaptée d'un roman de Jules Mary, a été tournée par Alexandre Volkoff, et produite pour être projetée dans les théâtres-cinémas. Elle a été réalisée avec la même attention qu'un film. L'intrigue suit les mésaventures de Julien Villandrit (Ivan Mosjoukine) mêlant erreur judiciaire, mélo, trahisons et heureux dénouement, et contient tous les ingrédients des romans populaires en vogue à la Belle Époque.

Mots-clés : roman populaire, ciné-roman, réalisme, erreur judiciaire, Belle Époque.

Maud DESMET, « Et si nous prenions à nouveau la mesure du temps ? Comment les plateformes VOD ont changé notre relation aux séries télévisées »

Les séries ont toujours été pensées et construites selon un formatage temporel qui a évolué au cours de l'histoire de la télévision. En offrant une continuité narrative vertigineuse et artificielle, les plateformes de VOD remettent en question l'idée même de format et redéterminent, pour le meilleur et pour le pire les termes temporels essentiels qui fondent la relation du spectateur à la série.

Mots-clés : confinement, temps, répétition, feuilleton, *binge-watching*.

CLASSIQUES GARNIER

Bulletin d'abonnement revue 2022
SAISON
La revue des séries
2 numéros par an

M., Mme :

Adresse :

Code postal :   Ville :

Pays :

Téléphone :   Fax :

Courriel :

Prix TTC abonnement France, frais de port inclus		Prix HT abonnement étranger, frais de port inclus	
Particulier	Institution	Particulier	Institution
▨ 25 €	▨ 33 €	▨ 31 €	▨ 39 €

Cet abonnement concerne les parutions papier du 1er janvier 2022 au 31 décembre 2022.

Les numéros parus avant le 1er janvier 2022 sont disponibles à l'unité (hors abonnement) sur notre site web.

Modalités de règlement (en euros) :
- ▨ Par carte bancaire sur notre site web : www.classiques-garnier.com
- ▨ Par virement bancaire sur le compte :
  Banque : Société Générale – BIC : SOGEFRPP
  IBAN : FR 76 3000 3018 7700 0208 3910 870
  RIB : 30003 01877 00020839108 70
- ▨ Par chèque à l'ordre de Classiques Garnier

Classiques Garnier
6, rue de la Sorbonne – 75005 Paris – France
Fax : + 33 1 43 54 00 44
Courriel : revues@classiques-garnier.com

mis à jour le 29/03/2022

Abonnez-vous sur notre site web :
www.classiques-garnier.com